袁腾飞讲
高中生必备提分秘籍
高效学习法

袁腾飞　李峰学　/ 著

湖南人民出版社　博集天卷 CS-BOOKY

图书在版编目（CIP）数据

袁腾飞讲高效学习法/袁腾飞，李峰学著.—长沙：
湖南人民出版社，2013.7
ISBN 978-7-5438-9401-3

Ⅰ.①袁…　Ⅱ.①袁…　②李…　Ⅲ.①高中生 – 学习
方法　Ⅳ.①G632.46

中国版本图书馆CIP数据核字（2013）第 176538 号

袁腾飞讲高效学习法

作　　者：袁腾飞　李峰学
出 版 人：谢清风
责任编辑：胡如虹
监　　制：于向勇
策划编辑：马占国　刘　伟
营销编辑：张　宁　刘菲菲

出版发行：湖南人民出版社［http://www.hnppp.com］
地　　址：长沙市营盘东路 3 号
邮　　编：410005
经　　销：新华书店

印　　刷：北京嘉业印刷厂
版　　次：2013年 9 月第 1 版
　　　　　2013年 9 月第 1 次印刷
开　　本：787mm×1092mm　1/16
印　　张：14
字　　数：180 千
书　　号：ISBN 978-7-5438-9401-3
定　　价：30.00 元

（若有质量问题，请致电质量监督电话：010-84409925）

目录
Contents

序言1

没有笨学生，只有笨方法

从大学毕业走上三尺讲台开始，已经快二十年了。这期间，我教过的学生有好几千人，我的一个体会是：没有笨学生，只有笨方法。

有些学生成绩不好，主要是因为没有掌握正确的学习方法，所以学起来吃力不讨好，这样一来导致他们丧失了学习的兴趣，产生了厌烦心理，最后成绩一路滑坡，越来越差。

而成绩相对不错的学生，他们的好成绩是怎么来的呢？有些学生花费了比别人更多的时间，长年不过周末，埋头于书山题海。为了在竞争激烈而残酷的高考中胜出，这些年轻的学子付出了太多太多。每次我看到戴着厚厚的眼镜、一脸疲惫的学生，总是特别心疼。

也有一些学生，他们该学的时候学，该玩的时候玩，花费的学习时间相对较少，每次考试却总能考高分，让埋头于书山题海的同学羡慕不已。这些学生的智力并不比其他学生高多少，仔细观察，你就会发现他们身上有着两大共同点：一是对学习的兴趣很高，经常保持兴奋的状态；二是很会学习，学习效率很高。

所以，在多年的教学过程中，我主要做两件事：一是调动学生的兴趣；二是教给学生实用、高效的学习方法。

经常有学生、读者、网友留言询问，为啥你讲课能那么有趣，课堂上笑声一片，而且讲课内容不是瞎侃，能真正提高学生的成绩呢？感谢大家的抬爱，作为一名中学历史教师，我只是在做好教书育人的本职工作的同时，努力找到一种能让知识和趣味有机结合的方式，让学生对历史产生兴趣，即便不是为了考高分，他们也愿意听我的课。兴趣是最好的老师，学生一旦对一门学科产生了兴趣，自然容易学进去，成绩得到提高就是顺理成章的事儿了。

高考考的科目较多，学生不能保证对所有课程都有兴趣。那怎么办？还得靠事半功倍的学习方法。每年的高考状元都有一个共同点，那就是他们无一例外地都掌握了高效的学习方法。古希腊科学家阿基米德曾说："给我一个支点和一根足够长的杠杆，我就能撬动整个地球。"他所说的支点和杠杆，就可以理解为正确的方法。只要掌握了正确的学习方法，你就能轻轻松松搞定高考。

我在多年的教学生涯中总结出了一些各门学科都通用的高效的学习方法，并在精华学校的同仁的协助下，甄别、搜集了其他学科的一些有效的学习方法。这些学习方法，突破了《袁腾飞讲历史：轻轻松松搞定高考》主要讲历史学科高考冲刺的局限，涵盖了提高效率、树立目标、听课、做题、自我测试、实战冲刺、心理辅导、考场答题等高中学习的各个环节，并结合历年高考真题和权威试题进行分析，帮助学生因"科"制宜，巧妙学习。这些学习方法在精华学校多年的教学实践中，被证明是科学实用、效果明显的。

因此，我结合自己参加高考命题和阅卷工作的一些心得，还有精华学校李峰学校长多年研究学生案例和教学方法的宝贵经验，将这套学习方法汇编成册，希望能为即将迎来人生大考的高中生提供一些有益的帮助。

能让高中生掌握高效的学习方法，轻轻松松搞定高考，金榜题名，是我们最大的心愿。

袁腾飞

序言2

给高中生的最好礼物

想当年我考大学时，上大学还是很难的事情，更不用说清华、北大这样的名牌大学了。高中时，我也曾经迷茫过、困惑过，甚至被老师丢到"上大学无望"的队伍里，但是最后我考上了清华大学。

后来我从事教育行业，在精华学校工作的过程中，我对学生案例和教学方法的研究多了，有不少朋友、学生向我询问成功的"秘诀"。于是，我总结自己失败的和所谓成功的经验，配合袁sir在多年的教学生涯中总结出的学习方法和参加高考命题、阅卷工作的一些心得，最终写成此书。

我们认为，学生是否能够学有所成，取决于三大因素：

第一，思想上愿不愿学——思想动力的问题。无论你是为了自己将来找个好工作，还是为了和好朋友考上同一所大学，"强烈的学习意愿"是成功的最大动力。有了目标才会持久地投入，学习成绩才有可能大幅提升。

第二，自身能不能学——学习能力的问题。这种能力并不是天生的，也和天分无关，这是学生在课堂听讲、课后做题、目标管理、考场答题的过程中逐渐形成的，完全是由后天培养得来的。

第三，管理上让不让学——学习环境的问题。这通常来自家庭的环境、学校的管理和社会的影响。

这三大因素综合作用的结果，就体现为学生的高考成绩。

从我自身的经历以及精华学校长年做教育的实践，早已得出确定无疑的结论：考生只要掌握了好的学习方法，学习起来就一定能事半功倍。精华学校每年有几千名学生参加高考，其中有几百人考入清华、北大、香港著名大学等一流名校。这些优秀学生有一个共同点：熟练地掌握了高效且适合自己的学习方法。

　　这些学习方法，有些解决的是思想动力问题，比如树立学生的信心；有些解决的是学习能力问题，比如制订合理的学习计划、提高听课效率、做各科试题的技巧和注意事项、通过测试提高成绩的方法、高考冲刺阶段提分的秘诀、考前调整心态的诀窍、得高分的考试技巧等。精华学校前后已经有数万名学生运用本书中的不少学习方法，获得了高考成功。

　　因此，我们将这些高效的学习方法加以完善和系统编辑，推荐给正在读高中的广大学子。需要注意的是，高中不同年级的学生，需要因"时"制宜地运用书中的学习方法，比如高一、高二的学生，可以侧重于如何制订科学的学习计划、掌握高效的听课技巧、养成得高分的做题习惯等内容；而即将参加高考的高三学生，需要重点掌握高考冲刺阶段怎样提分、考前如何调整心态、答题时如何少丢分等内容。不论你是哪个年级、学习成绩处在哪个层次的学生，相信只要认真读完这本书，并将书中的学习方法学以致用，就一定能有不小的收获。

　　掌握高效学习方法的目的和意义，绝不仅仅是考上一所好大学，还在于拥有强大的精神力量，成为一名高效能人士，养成解决问题的良好习惯，这才是我们学习的真正目的。这样我们才能超越以技能见长的"术士"层面，成为真正的"得道"之人。

　　作为一所帮助学生"造梦"和"实现梦想"的工厂，精华学校坚持"梦想·行动·坚持·超越"的校训，希望在这里的每一位学生都能看到自己播种的梦想开花结果。

　　这就是本书面世的初衷，也是我们给高中生的最好礼物。

李峰学

壹 提高效率篇

第一章　高效能学生的七大法宝

　　对高中生来说，把握核心高考考点，用20%的复习时间，抓住80%的分数，就相当于用20%的复习时间，达到80%的复习效果。如果以高考750分的满分计算，就能拿600分，再加上非核心考点得的分数，考生想要考上理想的名校，绝对没有任何问题。

01

没有笨学生，只有笨方法

上了高中，很多同学都有这样的感慨："不管上什么课，我都认真听讲，课上老师讲的所有内容我都仔细记录下来，而且每节课老师讲的内容我都听懂了。下课以后，我除了完成老师布置的作业之外，还做了大量的课外练习。可是一到测验或考试，许多题仍旧不会做。那些题要么老师讲过，要么我自己做过，可是为什么还会出错呢？"这是学习方法不对造成的。

高中的学习内容比小学和初中时的难度大，老师的讲课方式也发生了变化。如果进入高中后不及时地调整学习方法，还按照小学和初中的"老方法"，不仅会使自己很疲惫，而且也难以取得满意的学习效果。

很多学生不注重基础知识的学习，一味地搞"题海战术"，虽然会做了一些题，但是由于基础不扎实，不能做到对所学知识的融会贯通和举一反三。所以，题型一旦发生变化，这些学生就只能束手无策。每次考试和测验的成绩都不理想，没有丝毫成功的体验，从而产生了逃避情绪。

这时候，你就该反思反思除了在课上听讲时看课本外，其他时间还看课本了吗？你上课前预习吗？课后复习老师所讲述的内容了吗？课上你花了大量心思记录的笔记，恐怕考试之前都没看上两眼，更别说平时好好利用起来了。因此，最后我要告诉你的是，你对基础知识的掌握一点儿都不牢固。课本上的课后练习，不会做的你问过老师或者同学吗？做错了的是不是就把同学正确的答案照抄过来呢？你从没有深入思考过习题和例题中的知识点，因此，即使你做过大量练习题也没有什么效果。

学习，如果仅仅是树立合理的目标，但没有辅以好的学习方法、学习习惯，那么你是不会取得理想的成绩的。所以，你既要制订符合自己水平的学习目标，不能太高，也不能太低，使自己能够常常看得到进步，对自己充满信心，还要养成课前预习、课后及时复习，独立完成作业的好习惯，重视错题、不会做的题目，改变原来以课本为辅、以做题为主的学习方法，利用课余时间和节假日系统回顾已经学过的知识，做到查漏补缺，以弥补基础差的漏洞。

例如下面这道高考试题，看看解题的过程是否能对你有所启发？你从中学到了什么好的学习方法？

【2012年北京高考文综】下图是某个历史时期的欧洲部分地区示意图。下列各项历史事件发生于这一时期的是（　　　　）。

A. 普法战争爆发

B. 第二国际建立

C. 两德统一完成

D. 独立国家联合体成立

【答案】B。

【解析】 本题难度较大，考查学生对基本时空这一知识点的掌握，相当一部分学生和老师认为超纲。本题用地图方式呈现，考查学生从地图中获取历史概念和信息的能力，纠正了课改以来因为多套教材，老师和学生在备考过程中使用复习资料而不注重学习课本的错误做法。

万丈高楼平地起。**要想提高学习成绩，首先必须把基础打牢，认真学习课本，掌握核心基础知识点**，这样不管考试题型如何变化，都是万变不离其宗，正确解题得高分就不再是什么难事儿了。

由此可以看出，掌握正确的学习方法十分重要。学生只有掌握了良好的学习方法，才能提高学习效率，而学习效率的提高，反过来又可以提高学习的自信心和积极性。

提分秘籍 **进入高中，转变学习方法是关键**

高中学习不同于小学和初中，要想提高成绩，需要掌握正确的学习方法：

1. 树立合理的目标，辅以好的学习方法、学习习惯。

2. 养成课前预习、课后及时复习，独立完成作业的好习惯。

3. 重视错题、不会做的题目，改变原来以课本为辅、以做题为主的学习方法。

4. 利用课余时间和节假日系统回顾已经学过的知识，做到查漏补缺，打牢基础。

02

学习最怕走弯路

高中学习非常紧张，良好的方法和习惯可以帮助学生取得事半功倍的学习效果，有些常见的学习弯路，我列出来，你比照一下，看看自己是不是在这些弯路上走着呢。

一、没有一个良好的实际可行的计划。 一些学生学习毫无计划，一天到晚，忙忙碌碌，经常加班加点，整天抱怨："整天上课、回家、吃饭、做作业、睡觉，要了血命了，一点儿玩的时间都没有了。"这些学生整天忙忙叨叨，基本上就为了两件事——应付作业和考试，这样的学习效果能好才怪，考高分更是不可能的。

二、知识结构一盘散沙。 有些学生每次单元测验成绩都不错，可一到综合考试就彻底抓瞎，找不到该用什么知识点来解答，原因就是他们没有掌握知识点之间的联系，没有形成完整的知识结构。

三、只带着耳朵来听课。 课前不预习，不能带着疑问去听课，对新课内容完全陌生；听课时溜号开小差，不用心；从来不拿笔记本，听课时不能调动自己的双手。只带了两只耳朵听课，左耳朵管听，右耳朵管出，什么都没留到脑子里，听完课就"完事大吉"，这么听课的效果你想想吧！

四、芝麻绿豆一起抓，胡子眉毛一把抓。 有些学生看书和听课时，找不到突破口，全面出击，结果分散和浪费了时间与精力，学习起来事倍功半。

五、思维定式。 从小学到高中的12年里，大大小小的考试每年都有很多场。常年的考试，常年的备考，常年大量模拟考试题的训练，很容易使学生形成思维定式。例如，很多学生只看见似曾相识的情境材料，而没有注意设问角度、设问关键词的变化，只根据自己长期的答题思维先入为主地罗列内容。

比如：平时上课时，老师往往会要求学生罗列出答案要点，这实际上就是一个概括的过程。这种训练多了，学生也习惯了，但在考试时，突然来个"概述"，学生往往会受到思维定式的影响，把"概述"内容写成"概括"内容。概述是什么？其实是"概括+叙述"。

六、耳濡目染获得错误知识。 这是在历史学习和考试中最常见的一种干扰。现在的学生的历史知识不再仅仅来自于课本和评书，网络小说、穿越电视剧、百家讲坛等都是他们获得历史知识的重要渠道。学生从这些渠道耳濡目染得来的知识，很容易和书本知识搞混。例如：

罗贯中在《三国演义》开篇说："话说天下大势，分久必合，合久必分。"这种观点主要表明了作者（　　　　）。

A. 站在维护封建统治的正统立场

B. 只看到了表象，犯了历史循环论的错误

C. 表达了人生无常、命运难测的观点

D. 揭示了封建社会发展的客观规律

【答案】 B。

【解析】 凡是看过《三国演义》，爱看小说、听评书的，基本都会

选择D项。这些人受小说的影响，进而产生了错误的认识，这就是先入为主造成的认识误区。这个观点是罗贯中的时代局限性造成的。有些学生之所以会答错，就是受耳濡目染获得错误知识的影响。此外，A项，"站在维护封建统治的正统立场"是《三国演义》一书的思想体现，而与本题考核内容无关；C项也与本题考核内容相差甚远。故选B项。

七、机械背诵。为了掌握更多的基础知识和基本技能，很多人都采取机械背诵的方式，把知识点都背下来，把老师的板书记下来，考试时就照搬上去。从下面这道题，我们可以看出很多学生在答题的过程中都存在这方面的问题。

1793年英国马戛尔尼使团来华，乾隆皇帝颁布上谕，宣称："各处藩封到天朝进贡观光者，不特陪臣俱行三跪九叩之礼，即国王亲至，亦同此礼；今尔国王遣尔（指马戛尔尼）前来祝嘏（福），自应遵天朝法度，免失尔国王祝厘纳贡之诚。"

依据材料指出当时清朝统治者的对外态度及其在对外关系方面的影响。

【答案】以"天朝上国"自居，不愿与其他国家平等交往的对外态度。清政府限制中外交往，堵塞了与世界沟通的渠道，使中国继续处于封闭状态。

【解析】这道题我测试过很多学生，大多数人首先想到的就是"闭关锁国"，关于"闭关锁国"的影响，书上是这么说的：不利于商品经济的发展，不利于资本主义萌芽的发展，不利于对外的经济文化交流，导致了中国近代社会的落伍⋯⋯

如果这么答题，零分！因为考生这样答题完全是机械照搬书本，而没有根据试题的具体考核内容灵活运用所学知识。材料要求回答的是"对外态度"和"在对外关系方面的影响"。闭关锁国是政策而不是态度。一定要注意，答题就是答词儿，找对关键词儿，就得分了。

以上这些都是学习的弯路，你知道了，就要不断完善和修正自己的学习方法，我想一定会有良好的效果。

提分秘籍 避开弯路，掌握正确的学习方法

1. 制订切实可行的计划。

2. 形成完整的知识结构。

3. 课前预习，带着耳朵听课，调动双手，认真做笔记，用心跟着老师听课。

4. 克服思维定式的影响，避免审题错误。

5. 谨慎对待课外获取的知识，学习和考试要围绕课本。

6. 课本知识要活学活用，不可机械背诵，照搬课本。

03

因 "科" 制宜，开启成功之门的钥匙

高中学习科目众多，不同的学科有不同的特点和逻辑结构，这就要求你在学习时因 "科" 制宜，掌握不同学科的学习方法，并领会其真谛，这样才能取得良好的学习成绩。

一、英语。英语是一门工具学科，关键是应用。如果把学习英语比作建造知识大厦，那么单词就是这座大厦的砖石，语法就是大厦的框架，课文就是大厦的整体。所以，学生学英语应该把工夫主要花在记忆单词、掌握语法和理解课文这三个方面。具体来说，就是要掌握 "四多法"，即多听、多说、多读、多写。

1. 多听。英语听力题占的分值在逐年加大，考生要保证听力不丢分，就要寻找一切可以听英语的机会。别人用英语交谈时，你应该大胆地参与，多听听各种各样的发音，男女老少，节奏快的、慢的，你都应该听听。如果这样的机会少的话，你可以选择你不知道内容的文章去听，这将会对你帮助很大。

2. 多说。学生自己要多创造机会与英语教师讲英语，见了同学，尤其是和好朋友在一起时，尽量用英语去问候、谈心情……这时候你需要随身携带一本英汉互译小词典，遇到生词时查一下，也不用刻意去记，用得多了，自然而然就会记住。如果你有机会碰上外国人，应大胆地上去打招呼，和他谈天气、谈风景、谈学校……长此坚持下去，你的口语肯定会有较大提高。

3. 多读。阅读理解题在高考英语试卷中所占的分值很大，这就要求学生不仅平时要读好课本，还要扩大自己的课外阅读量。问起英语成绩出色的同学，他们英语成绩为什么那么好，他们的回答往往是："我课外读了不少，《哈利·波特》看的是原文。"

读可以分为两种。一种是"默读"，因为现在的英语高考越来越重视阅读量和阅读速度。每天用一定的时间默读将会对你提高阅读速度有很大好处，读的内容可以来自课外，最好是一些有趣的小读物。经过高中三年的阅读训练，你必定会对英语高考胜券在握。另一种是"朗读"，朗读是培养英语语感最为重要的手段之一。朗读可以帮助学生培养语感，忽视朗读，学生就会成了"哑巴英语"开不了口。朗读是英语学习中必不可少的一个环节。

4. 多写。有的同学总是抱怨时间紧，根本没时间写作文，其实"写"的形式很多，比如用英语写下你一天中发生的一些重要的事情，或者当天学了某一个词组，你可以创设一个语境恰如其分地用上这个词。这样既可以帮你记住这个词的用法，又可以锻炼你的写作能力。

学习英语不用花大块的时间，十分钟的散步时间，可以练"说"，吃完饭后可以读一会儿英语小说，睡前听几分钟英语……只要你每天抽出一些时间来练英语，你的英语成绩肯定就会很快提高的。

二、数、理、化。这三个科目不同于英语，由于逻辑性强，抽象性高和严密性高，要求学生有很强的推理能力。因此，你在学习时一定要多思考、多分析，在理解的基础上记忆公式、定理、法则等。要

袁腾飞
讲高效学习法

做好各章节的系统小结，形成一个整体的知识结构，并且要学会融会贯通。还要精选一些试题进行练习，并适当看一些质量较高的参考资料。例如：

【2013年北京高考文科数学】下图是某市3月1日至14日的空气质量指数趋势图，空气质量指数小于100表示空气质量优良，空气质量指数大于200表示空气重度污染。某人随机选择3月1日至14日中的某一天到达该市，并停留2天。

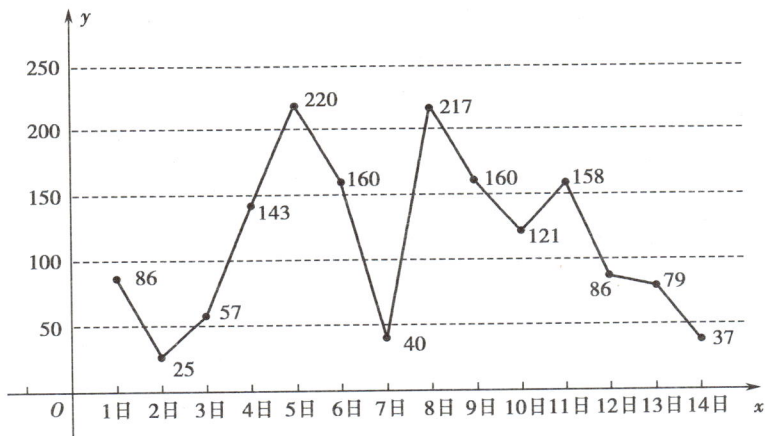

（1）求此人到达当日空气重度污染的概率。

（2）求此人在该市停留期间只有一天空气重度污染的概率。

（3）由图判断，从哪天开始连续三天的空气质量指数方差最大？（结论不要求证明）

【答案】（1）因为要停留2天，所以应该在3月1日至13日中的某天到达，共有13种选择，其间重度污染的有两天，

所以概率为 $P_1 = \dfrac{2}{13}$。

（2）此人停留的两天共有13种选择，分别是：（1，2），（2，3），（3，4），（4，5），（5，6），（6，7），（7，8），（8，9），（9，10），（10，11），（11，12），（12，13），（13，14）。

其中只有一天重度污染的为（4，5），（5，6），（7，8），（8，9），共4种，

所以概率为$P_2 = \dfrac{4}{13}$。

（3）因为第5、6、7三天的空气质量指数波动最大，所以方差最大。

【解析】这道题与现实生活结合非常紧密，突出了日常生活中的常见问题，从多方面考查了概率问题、指数方差问题，是高考命题的一个趋势。

三、政、史、地。这些科目由于知识容量大，要求记忆的东西比较多，因此，学生平时的积累很关键。你可以将重要事件的时间、地点、人物、背景等资料记录在案，随时查阅，久而久之，你就记住了。同时，还要注意事件发生的历史背景、发生发展的原因以及它们之间的必然联系。例如下面这道试题：

【2010年广东高考文综】唐代和宋代都有谏官。唐代谏官由宰相荐举，主要评议皇帝得失；宋代谏官由皇帝选拔，主要评议宰相是非。这说明（　　　）。

A. 唐代君主的权力不受制约

B. 唐代以谏官削弱宰相的权力

C. 宋代谏官向宰相和皇帝负责

D. 宋代君主专制的程度高于唐代

【答案】D。

【**解析**】本题的考点是古代皇权的加强，题眼是唐宋时期谏官职能的变化。唐代谏官主要评议皇帝得失，宋代谏官主要评议宰相是非，这反映了君主专制的加强，从某个侧面说明了宋代君主专制的程度高于唐代。A项君权"不受制约"的提法错误；B项宋代以谏官削弱宰相的权力，而不是唐代，因此排除B项；宋代谏官由皇帝选拔，向皇帝负责，C项也不对。故选D项。

四、语文。学习语文其实就是读书的过程，"书读百遍，其义自现"，俗话说"处处留心皆学问，人情练达即文章"。高中生要经常摘抄诵读文字优美的文章，对每一篇文章的内容、结构以及写作特点要做到心中有数。例如下面这道题：

【**2011年高考北京语文**】阅读下面这首诗。

示秬秸

张　耒

北邻卖饼儿，每五鼓未旦，即绕街呼卖，虽大寒烈风不废，而时略不少差也。因为作诗，且有所警，示秬、秸。

城头月落霜如雪，楼上五更声欲绝。捧盘出户歌一声，市楼东西人未行。

北风吹衣射我饼，不忧衣单忧饼冷。业无高卑志当坚，男儿有求安得闲。

注释：秬秸：张耒二子张秬、张秸。张耒，北宋著名文学家，曾官太常寺少卿。

1.（1）下列理解和赏析，不正确的一项是（　　）。（3分）

A.诗前小序交代了本诗写作的起因和目的，凸显了诗作内容的真实性。

B."歌一声"，是说卖饼儿沿街呼卖时有腔有调，生动形象并富于童趣。

C. 卖饼儿衣着单薄，凛冽的寒风吹透了他的衣衫，他却担忧饼冷难卖。

D. 作者在诗的最后，对两个儿子提出了谆谆告诫，点明了本诗的题旨。

（2）这首诗的写景叙事，平实而富有韵味，请结合具体诗句做简要分析。（4分）

2. 这首诗是张耒为教育自己的孩子而作，请对诗中的教育内容和所用的教育方法加以概括，并联系实际谈谈自己的感受。（不少于200字）（10分）

1.（1）【答案】B。

【解析】本诗中人物形象生动形象，但并不富于童趣，这与全诗感情基调不符，属于典型的无中生有，故选B项。

1.（2）【答案】一、本诗语言平实，没有华丽辞藻，明白如话，通俗浅显。例如"捧盘出户""市楼东西"等，均无修饰之语。二、诗歌充满韵味，写景、叙事意蕴丰富。例如开篇两句，从视觉和听觉两个方面描画出了清冷空寂的景色，透露出作者对卖饼儿生活际遇的同情和关怀，其他如"人未行"的空寂街景、"忧饼冷"的心态表露，均语浅而意深。

【解析】本题4分，对"平实"和"韵味"的分析各占2分，考生答题的关键在于首先要对"平实"和"韵味"作出相应的解释，并在此基础上举例说明。如此一来，分值进一步拆分，分析和举例又各占1分。只要考生按照这个思路答题，相信都不至于丢分。

2.【答案】教育内容：一、无论从事何种职业，都要意志坚定，不畏艰辛。二、要有追求，并持之以恒，勤勉而不懈怠。教育方式：一、

袁腾飞 讲高效学习法

艺术性，以诗诫子，而不是枯燥说教。二、形象性，以卖饼儿为榜样，激励自己的孩子。

【**解析**】教育内容有两个要点，即"从事何种职业都要意志坚定"和"要有追求"；教育方式也有两个要点，即"艺术性"和"形象性"。只要抓住了答题要点，再做适当分析，得高分不再是难事。

通过以上分析可以看出，学习语文不仅平时要读，分析文章的篇章结构，理解其中蕴含的意蕴，还要在答题时紧抓要点，有的放矢。只有平时的积累和具体的答题技巧相结合，才能真正学好语文。

提分秘籍 不同学科有不同的学习方法

无论是语、数、外，还是理、化、生和政、史、地，每门学科都有各自的特点。学生只有找准各科的学习方法，才能取得好成绩。

1. 语文。大量阅读，平时积累是关键。

2. 英语。"四多法"：多听、多说、多读、多写。

3. 数、理、化。多思考、多分析，在理解的基础上记忆公式、定理、法则等，形成完整的知识结构。

4. 政、史、地。平时积累是关键，将重要事件的时间、地点、人物、背景等资料记录在案，反复记忆，同时注意事件之间的相互联系。

04

很多学生在平时的做题过程中，总有那么几道难题，不知道从何下手。其实，所有的考试内容，特别是高考的考试题目，都不会超出教学大纲要求的那些内容。你之所以做不出来，主要原因就在于你对已学知识掌握得不够牢固，不能调动头脑中的知识，并加以灵活运用。其实，你只要综合已经学过的知识，很快就能找到突破口。还是那个老道理：知识是死的，人是活的。如果不能学充分利用已学知识，那就是把知识学死了。

那么如何把死知识学活呢？最有效的方法就是做阶段性总结。

学生每学一个章节或者一本教材，要做短期和长期的全面知识回顾，把重点和难点找出来，哪些是你能完全解决的？哪些是你还要继续深入研究的？哪些是你知识的盲区？不看书，不看笔记，回忆各个单元所学的内容。先学什么，接着学什么，最后学什么，过电影似的描绘出一个"知识轮廓"。然后粗看课本目录和笔记，检查自己回忆的对不对。然后分析重点是什么，从而建起"知识框架"，并认真归纳出来，记在本子上。最后要全面、认真地通读一遍教材，查漏补缺，看看疑问有没有得到解决，这样就做到了掌握"知识全貌"。

学生要弄清各个章节的知识结构，找出它们的内在联系，把有关知识串联起来，或列提纲或分类列表，或画结构图，突出重点、难点，从而把厚书读薄，使知识间的关系一目了然，以利于记忆、理解、复习和应用。

很多人平时学习时，往往都把注意力集中在听课和做题上，而忽视了知识的内在联系。正确的做法是，每学习一段时间，就做阶段性总结，在听课、阅读教材、查看笔记的基础上，总结一段时间以来学习的成果。只有这样，才能使自己获得全面而系统的知识，对所学的新知识由"懂"到"通"，由"活"到"精"。

那么，怎样做总结才是准确有效的呢？

首先，**把老师讲解的例题和自己做过的习题进行归纳，划分习题类型，探求解题规律。**每一类型的习题大致可用哪些方法去解？哪些题目可"一题多解"？哪些题目可"多题一解"？哪些题目可"一解多想"？平时解题时，哪些题目容易发生错误，是什么原因造成的？通过归纳总结，得出解题经验、思路与方法，找出解题的规律。

在此基础上，**再挑选一些综合性较强的题目进行训练，使所学知识系统化、完整化。**最后要解答考试题目，那还不是小菜一碟。他有倚天剑，咱有屠龙刀，谁怕谁呀！

其次，不仅要爱学习，还必须"会学习"。学生要讲究科学的学习方法，要把学习搞得生动活泼，别学书呆子的学习方法——一股脑儿地死学，十六七岁的大姑娘、小伙子弄得跟八十岁老头儿、老太太似的，你这学习一准儿也没好。

总之，学生对课本知识既要能钻进去，又要能跳出来，结合自身特点，寻找最佳学习方法。

高中科目众多，学科压力大，学生只有将厚书读薄，才能高效地完成高中学习。

1. 每学习一段时间，进行阶段性总结，建立新旧知识之间的联系，形成完整的知识结构图。

2. 归纳总结老师讲解的例题和自己做过的习题，找出重点和难点，以及存在的知识漏洞。

3. 针对自身存在的问题，挑选一些综合性强的题目进行针对性的练习，弥补知识漏洞。

05

　　时间对每个人都是公平的，每天都是24小时。同样是24小时，不同的人运用它产生的效果却大不相同。如同一亩三分地，不同的人来种，一年下来，产量大不一样。

　　进入高中，复习、作业、考试、测验一环紧扣一环，学习量加大，难度加深，任务加重。有的同学很不适应，手忙脚乱，忙一阵子数学，烦了再看会儿语文，累了就看一会儿电视，结果什么东西也没学到。也有些同学认为晚上学习效率高，熬到三更半夜，导致白天疲惫，精神不集中，脑子反应迟钝。

　　那么应该如何合理安排学习时间呢？

　　一、要充分利用白天的时间学习。高考都是在白天进行的，所以考生要把生物钟调到白天。每天上课前在头脑中做一个简单的学习计划，对所学知识进行简单预习，上课有重点地听课。同时还要抓住零碎的一两分钟时间，灵活利用，如利用课前、课后、乘车时间来记几个英语单词，背一些英语句子，完成一些学习上的小任务，长期积累下来就会有惊人的效果。

二、要分清各项学习任务的轻重缓急，防止"捡了芝麻，丢了西瓜"。把学习任务按轻重缓急分为A（重要）、B（次要）、C（一般）三类。重要的事情要先做，如当天的作业、课堂知识的复习与巩固；次要的事情，包括课外阅读或预习等，可随后处理；一般的事情，如超前自学新的课文，可以按照所剩时间的多少来灵活处理。

三、累了就休息会儿。在安排学习时间上，有一个著名的公式：8-1>8，意思是从8小时中拿出1个小时进行体育运动、娱乐或休息，虽然表面上只学习了7个小时，但由于你精力充沛，效率远大于连续不断地学习8个小时，这也就是我们常说的学习要注意劳逸结合。在感到大脑乏力、注意力不集中、有厌倦情绪时，你就要停下来，休息一下，做一些文体活动，这样能使自己的头脑保持清醒，以充沛的精力去做下一件事。

很多同学学习仅仅依据课表安排时间，这对高效利用时间来说远远不够，因为课表只是明确了全天的教学顺序，并没有对学习的环节，尤其是自主学习的环节进行合理设置。因此，学生还应在此基础上加以科学合理的安排，才谈得上对时间的高效利用。

一、早自习。早读是背诵的黄金时间，一般30~50分钟。如果你只背一项内容，大脑往往容易疲劳，记忆的效果也不好，因此建议安排2~3项内容，并对时间进行大致分割，例如读30分钟外语，则可以安排单词10分钟、课文10分钟、笔记10分钟。这样在早读时，每一个时段均有明确的任务，而每一个任务都有相对固定的时间去落实兑现，这就避免了早读的盲目性、随意性，效果自然就好了。早自习的最后，你还可以安排3~5分钟，对整个早读内容进行复习，进一步归纳、整理和巩固。

二、课堂时间。很多同学上一节课下来，没有多少收获。原因之一就是时间利用不充分，有效时间少，无效或浪费的时间多。那么，如何合理安排与高效利用课堂时间呢？

学生要做好充分的课前准备，上课时马上就能进入高效的学习状态。弄清上课的环节和学习重点，主动跟进，积极互动。同时还要多管齐下，眼看、耳听、口念、手画、脑动相结合，理解、辨析、掌握、复习、巩固、归纳、整理同步进行。老师授课时要考虑到大多数同学，有很多地方需要重复讲授、反复强调，已经听懂的同学可以充分利用这段时间，及时同步复习，节省课后复习时间。

三、课间时间。课间时间应该让大脑放松下来，休息一会儿，主动与同学吹吹牛，聊聊天，关心一下家事、国事、天下事。到教室外走走，看看绿色风景，听听音乐，唱唱歌，讲讲笑话，做些简单有趣的游戏，做做放松舒展运动，或者吃点儿水果。

四、中午时间。一般情况下，中午需要静休30~50分钟，即使有时学习任务很重，也应保证让自己小睡20~30分钟，实在不行，能打打盹也好！

午睡之后对上午课程进行复习，但注意不要把所有的课程都推到中午来复习，简单一点儿的课程，最好安排在当堂课上进行，不然全都挤到中午，时间就很紧张，复习起来，走马观花，效果不好。最好先完成1~2科作业，减轻晚上做作业的压力。

做作业时应坚持"先复习再做作业"的原则，因为只有对所学的知识清楚了、明白了、理解了、懂得了，作业做起来才会得心应手，效率和正确率才会高。除此之外，你最好能抽出时间对下午最难的课程进行适当的、必要的预习，以提高听课的效果。

五、晚自习时间。晚自习时间是同学之间拉开学习成绩的一个重要时段。一天或两天，差距不明显，长此以往，日积月累，差距就出来了。晚自习的学习，原则上要注意以下几个方面：一是复习当天所学的内容，重点是下午的课程，同时兼顾上午没有复习到的课程；二是完成当天未完的各科作业；三是向辅导老师请教解决疑难问题；四是预习第二天最难的学科，如有多余的时间则可以对差科进行补习；五是合理利用生物钟记忆高峰，记忆需要识记的内容。

六、周末时间。周末最好安排相对固定、完整的时间对各科一周的学习内容进行一次较系统的复习总结，理清知识的脉络结构和新旧知识点之间的联系。周末还应安排相对固定的时间对自己的差科进行弥补性学习，否则，差科一直差下去，问题越积越多，会对后面的学习造成直接影响。

一寸光阴一寸金，高中学习科目众多，科学合理地安排学习时间事关学习的成败，并最终影响高考的成败。学生应该结合自身学习的实际情况，做好时间规划，把每一分钟都用在刀刃上。

高一上学期课程表及学习时间安排，详见附录1，希望能对大家合理安排学习时间有所启发。

提分秘籍 怎样将高中的每一分钟都用到刀刃上

要时间不辜负你，首先你要不辜负时间。放弃时间的人，时间也放弃他。学习如逆水行舟，你不抓紧时间学习，别人就赶上去了。合理安排时间需要注意以下几个方面：

1. 充分利用早自习、课堂时间、课间时间、中午时间、晚自习时间、周末时间等各个学习时段。

2. 分清轻重缓急，重点和难点要优先对待，多安排学习时间。

3. 身体是革命的本钱，充沛的精力是提高学习效率的前提。

06

有一条已经被前人验证了无数遍的定律——"二八法则"，这条定律同样适用于高中学习。该定律揭示：你取得的成绩里，80%的收获，来自于20%的付出，而另外80%的付出，因为没有合理安排，只取得了20%的收获。高考的核心考点虽然只占所有考点的20%，但占总分的80%，因此，抓住核心考点就等于抓住了高分。

如果你酷爱学习，但成绩并没有步步高升，那么你一定是使错力了，此时就要考虑如何利用最少的时间取得最大的成效。通过对每次考试的卷面分析，你的知识漏洞就暴露出来了。只要发现了知识中的薄弱环节，我们的努力就有了方向，运用"二八法则"，拿出80%的时间，集中精力弥补漏洞，学习成绩当然会得到显著提高。

那么，每门功课的"二八法则"又是什么？为什么身边总是有些同学，学习起来毫不费力，空闲时间那么多，又总是能取得好成绩？那是因为他们掌握了适合自己的能够一用再用的有效方法，学习有针对性，所以学起来特别轻松自如，并且成绩很好。因此你不妨根据自身的学习特点，找出适合自己的"二八法则"。

学习中运用"二八法则"时要抓住这样一个首要环节，那就是抓重点。比如在学习前，我们首先要对所学章节涉及的内容和关键词有所了解，这样我们就有了学习目标，朝着这个目标努力，进而实现目标，这样我们的学习就是有效率的，你的20%就在无形中扩大了。

应对考试时，学生应该抓住考试的重点，即考试可能会从哪些方面出题，以前曾经在哪些方面出过题，这门学科的热点是什么。抓住了这些，就等于抓住了考试的重点，准备工作就会做得更充分，效率也会更高。正所谓好钢用在刀刃上，这正是"二八法则"的精髓所在。

就拿英语口语学习来说，要想练好口语，我们应该花费80%的时间和精力去学习如何表达，而对文化和发音，花费20%的时间和精力就可以了，这些东西都要学，都要知道，但是没有必要花费大把大把的时间。

学习口语最终的目标就是交流，交流主要就是能表达我们想要表达的，真正好的口语不是我们的发音非常好，懂得很多中西方的文化，而是we can express what we want（表达我们所想表达的）。

关于表达，就是平时一定要多说英语，多和别人交流，要是能找一个老外就更好了，正所谓"The more you speak the more progress you will make"（说得越多，进步越大）。除了多说，还要锻炼我们的解释能力，具有很好的英语表达能力不一定要求我们知道很多单词和很多句型，需要的是解释的思维方式，这样我们才能很好地表达自己。

以前一个中国人去加拿大定居，这个人的英语单词量很小，很多单词都不会说，但是他经常能很好地表达自己。有一天他去商店买发酵粉（baking powder），这个英语单词确实很难，但是他用了一些小学生都知道的词成功地解释了这个词，那就是：I want to buy something make steamed bread bigger and bigger（我想买一些能使馒头越来越大的东西）。

　　再回到高考的问题上，对高中生来说，把握核心高考考点，用20%的复习时间，抓住80%的分数，就相当于用20%的复习时间，达到80%的复习效果。如果以高考750分的满分计算，就能拿600分，再加上非核心考点得的分数，考生想要考上理想的名校，绝对没有任何问题。

提分秘籍 **巧抓核心考点，轻松考上重点**

　　核心考点虽然仅占总考点的20%，但占总分的80%，也就是说，考生只要用20%的复习时间，就能达到80%的复习效果。抓住核心考点就等于提前抓住了高分，以750分的满分计算，就能拿600分，再加上非核心考点的得分，学生要想考上理想的名校、重点，没有一点儿问题。

07

"战拖有术"，不给拖延找借口

很多学生做作业时总是磨磨蹭蹭，漫不经心，本来一个小时能完成的作业，非要边学边玩，两个小时才完成；本该当天学会的内容，要拖到明天再去复习；作业也以各种借口不按时上交，任凭老师催促还是一拖再拖……拖延成了阻碍高中生提高学习效率的一大障碍。

造成高中生拖延的原因，是他们对于拖延的危害性没有一个清醒的认识。拖延的直接后果是学习效率低下，浪费时间，学习成绩不尽如人意，受到老师、家长的批评。长此以往，学习的自信心就会下降。学生一旦对学习失去了兴趣和自信，就会表现得更加懒惰，甚至厌学，制订的各种学习计划都将化为泡影，这是令人非常担心的事情。

如果把浪费掉的时间用在学习上，你的成绩将远远好于现在。那么，如何才能战胜拖延症呢？我的答案是：今天的事情，必须今天做完。

第一，请父母监督。做作业时，请父母坐在旁边，然后明确地告诉他们要监督你，而且必须严格。如果他们发现你在写作业时东张西望，或是做了一半去看电视，就要提醒你，甚至可以采用一些强硬的手段，诸如大声地批评或是关掉电视机。这样几次之后，你做作业时的注意力就会越来越集中了。

第二，自己鼓励自己。学习时，如果能连续完成任务，你就在日记中给自己画一个笑脸，并在旁边写上"你真棒"三个字，随着日记本上"笑脸"的增多，你拖延的次数就会逐渐地减少。或者可以给自己一些物质上的奖励，诸如吃一个苹果、一块巧克力等。不管是吃的、用的、玩的，还是别的什么东西，坚持久了，良好的习惯自然就形成了。

第三，自我惩罚。比如作业做了一半时，你突然想起电视正在转播一场足球赛，便放下笔去看球赛，看完球赛已经到了该睡觉的时间了，可是作业还没有完成，那就只能"秉烛夜读"了，可是刚写了一会儿，你的上下眼皮就开始打架，没办法，只好草草地完成作业，结果做错了好几道题。这时候，你可以用半个月不看电视来惩罚自己，此后每拖拉一次，你就想办法惩罚自己一次，这对纠正坏毛病是十分有效的。

第四，不给拖延找借口。有的高中生不愿意立即完成作业，他们的理由是"作业明天还可以做，但那集电视剧今天不看，明天就不会再放了"，或者"我答应好朋友放学后去踢球的，作业等一会儿再做"，"我们同学都是边看电视边做作业的"，"老师说下个星期再交，所以不用急着做"……这样一来，他们就"习惯"拖延了，这是非常可怕的，所以一定不要给拖延找借口，才能提高学习效率。

　　对于拖延症患者来说，战胜拖延症的关键是要下决心改掉这个坏习惯。在掌握上文提供的一些方法的基础上，结合以下几个小窍门，战胜拖延症就会容易一些。

　　1. 时刻提醒。将重要的学习任务写出来，放在能看到的地方，时刻提醒自己。

　　2. 将最重要和最紧急的学习任务安排在一天当中效率最高的时候，首先完成。

　　3. 分解术。将庞杂的任务分解成一部分一部分地去做，这样就会降低学习的难度。

　　4. 学习的时候，为自己创造一个不受干扰的环境，集中精力完成任务。

　　5. 当你按时完成学习任务时，给自己一个奖励。

壹 提高效率篇

第二章　无目标的努力，犹如在黑暗中远征

　　有没有目标，会不会运筹，可以决定你一生能走多高多远。目标是前进的灯塔，计划是行动的方案。没有目标，所谓的计划就没有明确的方向，你就像无头的苍蝇四处乱撞；没有计划，目标只是一句口号，没有任何意义。

01

没有目标，哪儿来的劲头

　　进入高中，首先要做的是树立目标和拆分目标。你想考一所什么样的学校？每个人都要树立一个目标，最高目标是考什么学校？最低目标是考什么学校？

　　只有长期目标还不行，因为实现这个目标的时间太过漫长，你的精气神儿在半路就被消耗掉了。因此，我们需要把这个目标拆分成具体的小目标，也就是近期目标。比如期末考试完了，就知道自己几斤几两了。这时，你应该根据自己的情况，重新设定目标。

　　对于高三的学生来说，从11月中旬的期中考试，到期末考试，再到一模考试、二模考试，最后是高考，共五个小目标。这样的话你就能看得到，在不远的前方，目标是什么，然后调动积极性，采取各种各样的方法，始终保持饱满的激情，逐一实现这些目标。

　　仅仅树立了目标还不够，还要做好计划，我们称之为"登顶计划"。没有计划，就不能每天督促自己，精气神儿肯定会全跑了。比如说高考你计划考590分，但你期末考试只有400分，差190分呢，那你差的这些分数，要从哪些学科上去弥补，你就要订计划。如果你的数学出了问题，只考了70分，那么要实现590分的目标，数学起码得考120分，这50分从哪儿来？你哪一块儿没学好，计划怎么补？这些都必须要做得很详细。

提分秘籍 **没有目标，就如同航行没有罗盘**

对于一只盲目航行的船来说，所有的风都是逆风。高中生应该如何制订目标呢？

1. 设立长期目标。

2. 将长期目标分解，树立容易实现的短期目标。

3. 结合目标制订明确合理的计划，并且坚决执行到位。

02

　　高中生制订学习目标，应该结合各科各章节的具体内容，制订适合自己的目标，统筹安排。比如，预习—不太明白的问题—课堂上要掌握的内容—作业完成后的总结思考—不会做的题目的原因分析—需要补充掌握的知识点等。那些学得轻松、学得有效的高中生，往往得益于他们的"会学"和"会玩"。

　　制订学习计划，这实在是一个老生常谈的话题。每当面对一批新学生的时候，我都要强调这事儿。田忌赛马的故事大家都知道，第一局用什么马，第二局用什么马，第三局用什么马，这就是计划。如果没有计划，田忌这小子累死也只能输钱加丢面子。有的同学学习时没头没脑，上来就学，自己累得吐血，考试还是59分。

　　制订学习计划是你上高中的第一件事情，你也许会纳闷，高中还没开始上，都不知道要学什么，要考什么，怎么制订计划呀？很简单，看教委颁布的教学大纲和考纲。无论制订的是长期计划，还是短期学习计划，一定都要有"纲"可循，这样的计划是最有效的。

　　一、高一要制订长期远景计划。高一学生要制订高中三年学习的总目标，以及每学年为实现这一目标需要完成的内容。制订长期远景式计划要切实有效，统筹安排。以英语为例，满分150分，90分及格，如果你中考英语70分，你可以制订高一英语成绩及格的计划，高二努力提高，保100分，争110分，高三稳定在110分以上。

如果你非得发个愿，要求自己高三英语考149分，也不是没可能，但你得保证别的学科吧。如果你真的发奋努力，成了英语特长生也行，万一你快高考了英语也就100分，心理落差太大，一受挫，干脆去你的计划，不干了，高考不砸才怪。

二、高一、高二的学年计划要立足课本，打牢基础。 虽然高考强调淡化对课本的考查，其实处处有课本的影子。题目虽然是课外题，但知识点都是课本上的知识点，这就叫"课内知识课外考"。高考说到底还是对基础知识、基本概念的考查，虽然这两年高考试题有所变化，但只不过是对基础知识的考查形式发生了变化，摒弃了以往考查死知识的做法，要求学生能从具体事件中辨认出考点。很多学生之所以不知如何解答问题，说到底，都是因为高一、高二时的基础知识不扎实。

因此，高一、高二两年，你的学习计划重点就是结合"两纲"，把课本知识学透。除非你是天才型的学习超人，否则不要好高骛远，高一、高二的学习计划要立足于把基础打牢，不要心浮气躁。

三、制订高三计划要重在完善知识系统树。 知识系统树，也叫基础知识结构框图，它能系统且直观地反映这门学科的基础知识及其相互间的联系。一般每一本教学参考书或者教材的章末总结中，都有这项内容。

完善知识系统树的好处在于，你可以由一个知识点拎起一串、提起一面，无论考试的时候考哪一个知识点，或者把几个知识点合并起来考，你都不怕。对你来说，它们只不过是知识系统树上的几片叶子而已。

例如下面的三角函数的知识系统树：

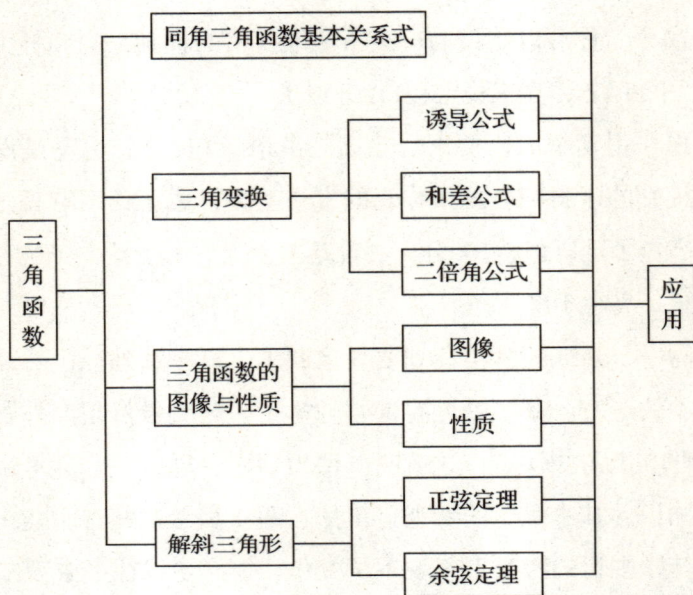

```
                    ┌─────────────────────────────┐
                    │      同角三角函数基本关系式      │
                    └─────────────────────────────┘
                    ┌────────┐    ┌──────────┐
                    │        │────│  诱导公式  │
                    │        │    └──────────┘
                    │ 三角变换 │    ┌──────────┐
                    │        │────│  和差公式  │
                    │        │    └──────────┘         ┌──────┐
                    └────────┘    ┌──────────┐         │      │
  ┌───┐                           │ 二倍角公式 │         │ 应用 │
  │三角│                          └──────────┘         └──────┘
  │函数│           ┌────────┐    ┌──────────┐
  └───┘           │ 三角函数 │────│   图像   │
                  │ 的图像与 │    └──────────┘
                  │  性质   │    ┌──────────┐
                  └────────┘────│   性质   │
                                └──────────┘
                    ┌────────┐    ┌──────────┐
                    │        │────│  正弦定理  │
                    │解斜三角形│    └──────────┘
                    │        │    ┌──────────┐
                    └────────┘────│  余弦定理  │
                                  └──────────┘
```

　　这是关于数学中一个小分支——三角函数的知识树。如果把数学比喻为一棵树的话，只有基础扎实、干支清楚、脉络分明，这棵树才能根深叶茂，你才能考一个好成绩。

　　其他数学知识点，以及其他学科，你都要整理出一套简洁明了的知识系统树，哪部分有欠缺就补哪部分，这就是我们常说的把厚书读薄的过程。这样考试时，具体考题涉及哪些知识点就能迅速地联系起来。

高中生制订计划，一定要以大纲为基础，做到有的放矢。

在你的整个高中阶段，"两纲"是你制订总计划以及每年、每月、每周、每日学习计划的依据。哪些是重点需要多下功夫？哪些知识只需了解？瞅一眼你就都知道了。任何脱离"两纲"的计划都是无源之水、无本之木，没有任何意义，到最后只能是天天订计划、天天没计划。

03

打好基础，想不考高分都难

用什么样的方法，才能在最短的时间内，最大限度地获得知识呢？高中学科众多，课量大，学习成绩的提升呈螺旋上升的阶梯状，需要经历循序渐进的过程。

因此，高中生制订学习计划时，要以一系列呈阶梯状上升的知识单元，代替平铺直叙的知识积累和阐述。也就是说，以你所感兴趣的知识为起点，以完全掌握知识内容为目标。以某个基本概念、某个公式、某个实验观象、某个疑难问题，甚至可以是自己的某种设想为起点，围绕中心内容，掌握与中心内容有直接关联的基本知识。

具体方法是：在学习某门知识的过程中，采取学习—复习—再复习的方法，即学习某一内容后，花少量时间进行一次复习，接着学习下一部分内容，结束后再进行一次学习（包括前面学习的内容）。如此下去，直到学完全部内容为止。

例如，某本书一共有四章，第一章分为四节，第二章分为三节，第三章分为六节，第四章分为三节，若将每两节作为一个单元，制订学习计划时，应遵从这样的步骤：

1. 初学和复习第一章第一、二节；2. 初学和复习第一章第三、四节；3. 复习第一章（小循环）；4. 初学和复习第二章第一、二节；5. 初学和复习第二章第三节、第三章第一节；6. 复习第二章及第三章第一小节（小循环）；7. 复习第一、二章全部及第三章第一节（中循环）；8. 按上述同样方法学习第三章及第四章各节；9. 复习全部内容（大循环）。这样每节内容均有四次强化的机会，并且这四次是在学习过程中不同阶段进行的，满足了学习需要及时巩固、不断巩固的要求，更有利于记忆。

这个方法还可以用于记忆英语单词。首先，将若干单词分成单元，无论是使用词汇表、生词本，或者采用单词卡等，都应根据单词的特点进行分类，力求将相似的以及可以比较的单词放在一起，每小组的单词数不一定相等，一般以6~8个为宜。

其次，根据所分的组数按照上述方法进行循环记忆。请注意：记忆单词时单元数应适当地增多，一般分为8~16组为好，这样可以增加单词的见面次数以及每次记忆的单词数，提高记忆效率。另外，随着学生发音水平、词汇量和使用该方法的熟练程度的提高，可逐步增加各组的单词量。

这个方法表面看来似乎很烦琐，需要很多时间，其实不然，因为每次复习的时间不需要太多，只要能够根据你所学的内容，结合你自己的具体情况，按照这个方法合理地组织内容，安排时间，便能事半功倍。而且在这一阶段的学习中，又会遇到新的概念、新的问题，再以此为新的起点，进一步上升，进一步学习。

高中生不要将一时的成绩看得太重，因为成绩的提升必然会经历一个阶梯状螺旋上升的过程，在这个过程中，根据自身特点和学科特点，制订阶梯状不断上升的学习计划，要沉得住气，不要因为一时的得失乱了方寸。

学生阶段性学习状况自测表，详见附录2。

提分秘籍 心急吃不了热豆腐，提升成绩要循序渐进

华罗庚曾说："要循序渐进！我走过的道路，就是一条循序渐进的道路。"学习正如上台阶、吃饭，想一步跨十个台阶或者一口吃成胖子都是做不到的。我们只有依据知识的内在联系，在学习某门知识的过程中，采取学习—复习—再复习的方法，由浅入深、循序渐进地学习，才能真正学有所得。

04

向每一分钟要成绩

　　学生在周末休息一下是理所当然的事情，但应该有前提，更要有一个时间和方法上的讲究。一到放假就什么都抛在脑后拼命地玩儿，长时间看电视连续剧，一上网就废寝忘食……这些肯定都是不可取的。

　　实际上，周末是最好的预习和复习时间，可以起到承前启后的良好作用。完成了周末的学习任务，学生也可以看看电视，但电视连续剧还是不看的好，因为现在历史剧中的情节都玩儿穿越，看完了，就搞不清楚朝代顺序，对考试一点儿好处都没有。

　　高中生要看就多看看新闻、文体节目，也可以参加一些文体活动，这样才能正确处理好学习与休息的矛盾，提高自己的学习效率。如果你周末做作业时，思想集中不起来，那是因为你心不在焉。如果你心里向往着外面丰富多彩的世界，不妨先玩个够，再回来看书。但是试想一下，如果对学习有强烈的兴趣，你还会有这样的想法吗？

　　除了在学校的上课和自习时间，你计算一下，还能挤出多少可供自由支配的时间？初中生能挤出的时间大概有两个半小时，高一、高二学

壹　提高效率篇
第二章　无目标的努力，犹如在黑暗中远征　039

生能挤出的时间大概有一个半小时，高三学生能挤出时间要更少。所以，更要好好利用完全属于你自己的休息日，你可以根据自身情况，合理安排自己的学习。可别小看了这点儿时间，你和其他学生的智力水平能差多少？高考录取差一分两分被刷下来的故事都能用大车拉了。彼此的学习环境也基本一致，但如果你能合理利用周末的时间，就会逐步和其他学生拉开距离，最终脱颖而出。

学习没有周末，这不是让你不吃不喝24小时连轴转，而是让你绷紧学习这根弦，学会合理安排自己的学习时间。因为学习成果不仅取决于学习方法和学习效率，还取决于学习时间。

高中生学习目标及时间管理自测自评表，详见附录3。

提分秘籍 只要有1%的希望，就要尽100%的努力

如果按一年52个星期计算，那么高中三年的周末时间就是 52×2×3=312天。也就是说，如果你在周末放任自流，不好好利用，你就比别人少学了312天，几乎就是一年的时间。你学了三年，别人却学了四年，差距自然而然就拉开了。

05

要想学得好，先要坐得住

爱说爱动的学生常常被说成是"屁股上像长了钉子一样"，这是变相地说这个孩子没有毅力、恒心，坐不住板凳，怎么可能用心学习呢？当然学习的效果就可想而知了。

有些学生坐不住，是因为他们缺乏学习的毅力。

要想学习有毅力，就要有明确的学习目的，克服和排除学习中的内外困难与干扰，以顽强的意志完成学习任务。目标定得太高，理想和现实之间差距太大，看不到进步就会缺乏动力，缺乏动力就容易丧失毅力，于是就开始三天打鱼、两天晒网。制订了学习计划，刚开始还能坚持几天，过一段时间就丢到脑后去了；遇到困难，别说去请教别人，自己首先在心里就放弃了；开始坐不住凳子，一会儿看电视，一会儿喝水，稍遇挫折就打退堂鼓了，等等。

这种学习状态，如果要想成功，绝对是一种不切实际的幻想。

那么，怎样才能坐得住板凳、静得下心来好好学习呢？

锻炼意志。学习是从兴趣开始的，但是对于高中生来说，一个人的意志显得极其重要。因为考试的科目设置和题目安排是不考虑学生有没有兴趣的，考试不是从学生的兴趣出发，是从选拔优秀人才的需要出发的。因此，就算对学习不感兴趣也要学下去，还要学好，这就只能靠意志了。那些考上重点大学的学生，差不多都是在学习方面意志比较强大。他们能忍耐，能坚持，能控制自己去做不感兴趣的事情。

我见过很多学生，虽然十分聪明，学习成绩却不佳，或者严重偏科，他们的问题往往出在意志不坚定上。这些学生既怕苦又任性，也就是人们通常说的"非智力因素"，影响了他们的学习成绩。

因此，高中生要想增强自己的意志力，就要用积极的行动，培养学习上的毅力。对毅力的培养，要特别注意在平时的生活中养成习惯。

一、强化正确的学习动机。 为啥学，学了要干啥，这些要搞明白。

二、从小事做起，锻炼毅力。 有些学生好睡懒觉，那不妨来个睁眼就起；"今日事，靠明天"，那就把"今日事，今日毕"作为座右铭；碰到书就想打瞌睡，那就强迫自己每天读一小时的书，不读完就不睡觉，只要天天强迫自己坐在书本前面，习惯总会养成，毅力也就自然而然地增强了。

三、由易入难。 这样既可增强信心，又能锻炼毅力。一开始先为自己制订简单的"指标"，每天只记一两个生词。这个目标很小，容易实现，虽然看起来慢了一些，但能够培养信心，几个回合下来，既培养了兴趣，又树立了信心，给自己带来了成就感。

提分秘籍 坐得住板凳，抓得住成功

　　再好的学习方法，也必须有时间保证。高中生要想抓住时间，首先要坐得住，否则一切都是空谈。霍金说："如果我不生病，我可能不会这么专注，因为一个健康的人兴趣是广泛的。"一句话，"专注""安静下来"，丢掉广泛"兴趣"，是霍金取得巨大成功的一个重要原因，霍金的例子对高中生静下心来学习有积极的启发意义。

贰 学习方法篇

第三章　要想学得好，先要学会听

　　高中生一天的大多数时间都是用来听课的，如果每天都能抓住这个效率最高的课堂听课环节，那学习效果可以说是事半功倍。为什么同样是一堂课45分钟，有的学生效率很高，既掌握了新的知识、复习了旧的知识，还解决了心中的疑问，而有的学生效率极低，听完之后，一无所获，入宝山而空手回呢？问题的症结就在于这些学生没有掌握正确的听课方法。

01

学生课堂听课是一门含有技巧和艺术的学问，它包含思考、理解、接受等几个方面，听明白和理解老师所讲内容是最基本的要求。听课是一种耳朵、眼睛、大脑联动的过程。我们经常可以看到有些学生在课堂上表现出"认真状"，但是他的听课效果究竟怎么样呢？

学生听课的思路与教师讲课的思路是否同步，是衡量学生是否专心听课的一个重要指标，专心致志、集中精力是听好课的前提。

那么怎样才能做到专心听课呢？

一、课前准备。 包括生理准备、心理准备和必要的知识准备。生理准备主要指上课前将大脑调整到最佳状态，心理准备是指调整上课的动机、情绪、意志等，知识准备则是指进行新课预习。"凡事预则立，不预则废"，课前准备关系到你课堂学习的质量。

二、心到。 听课是用心思考和跟进的过程，学生要谨防走神。除此之外，还要自己给自己设置疑问，凡事问个为什么，为自己设置疑障，大胆猜测结果，开发自己解题的独立性，防止单纯依赖课堂听课、课后作业而没有深刻领会知识的盲点。

三、眼到。 眼到是获取知识的重要来源。

四、耳到。 耳到是跟着教师的思路专心听讲。

五、手到。 手到是把重点和难点记录下来，方便课后复习。

一堂课45分钟，我们的脑子能记住多少？有人专门研究过，人的大脑能记住一节课75%的内容。有学生一听乐了：能记住这么多呀！那还记笔记干什么？别急，如果48小时后再测试的话，能记住的就只有10%了。好记性不如烂笔头，咱一定要记笔记啊！此外，更重要的是，记笔记可以帮助大家理清听课的思路，抓住听课的重点。

记笔记得跟着老师的思路记，把听到的知识点记下来。大家手中的笔就像一根绣花针，绣什么呢？绣老师讲课的内容。好家伙，老师在讲台上摆"pose（姿势）"，大家就在台下赶着"绣花"，要想这花能绣好，就必须跟着老师的思路走。

六、积极参与。 如果一堂课是一场戏，那么课堂内的每一个同学都应该是这场戏的一个角色，并且人人都应争着唱主角。你要大胆地发言和参加课堂讨论。不少同学可能都有这样的体会：某一个问题曾在课堂上被老师提问过，虽然当时答错了，但往往在很长时间内对这个问题仍有深刻的印象。

七、劳逸结合。 有些学生压力过大，学习起来废寝忘食，导致睡眠不足，听课效率越来越低。因此，学生平时需要劳逸结合，张弛有度。只有保持充沛的精力，才能最终获得高考的胜利，否则半途把身体累垮了，得不偿失。

八、重视心理调节。 尊重老师，积极配合。课余时间休息要合理，调节自己的精神，使上课时精神饱满，专心致志。只有控制力强的学生，才能收到良好的听课效果。

例如，立体几何十分考验考生的空间想象能力，不少同学十分头疼，特别是对正八面体、正十二面体、正二十面体。考生要积极主动地去做一些这些正多面体的表面展开模型，在制作的过程中能够亲身感受正多面体的构造，对正多面体的空间想象能力就会大大增强。以上这些例子，足以证明"动口""动脑""动手"在你的学习中有举足轻重的作用，能够抓住时机，锻炼自己"动口""动脑""动手"的能力，从而掌握有关知识和技能，使自己对学习更有兴趣，学习成绩和学习能力一定会有一个质的飞跃。

提分秘籍 学会听课，让成绩飞起来

课前要预习，听课要入脑。温故才知新，歧义见分晓。自学新内容，要把重点找。问题列出来，听课有目标。听课要专心，努力排干扰。扼要记笔记，动脑多思考。

02

做好作业是提高听课效率的前提

老师每讲完一节课，一般都要布置作业。做作业是一个温故知新的过程，你可以通过做作业巩固、夯实上一节课学到的知识。不难发现，老师下一节课要讲的内容一般都是在上一节课的基础上展开的。写好当天的作业，还可以起到对第二天课程预习的作用，你课前预习了，上课听课效率就高了，写作业时遇到的问题就少了，写作业的效率就相应地提高了，自然也就达到轻松学习的效果了。

如果老师布置的作业你没有认真完成，那么下一节课听着就会很费劲。下一节课听不懂又会影响下下节课，问题就像滚雪球一样，越滚越大，所以老师布置的作业必须认真对待。

成绩较好的同学，百分百会提前进行预习。清华、北大的学生，不是靠老师教出来的，而是靠自己学出来的，这种"学"就是自学，就是预习。我教过的考上清华、北大的学生都有一个共同特点：学习进度往往超前，老师讲这一节课时，他们早就提前预习过了。

那么，究竟应该如何完成作业，养成哪些做作业的好习惯呢？

一、先复习，后做题。先给自己15~20分钟的时间复习一下今天上课学到的知识点，尽可能熟练掌握运用基础知识。题都是围绕知识点进行的，对于做错的题目，应认真思考导致错误的原因，是知识点掌握不牢固，还是马虎大意，分析过后再做一遍，以加深印象，这样做作业效果才会好。

二、合理分配时间。你可以把功课分成若干部分，一个晚上文理作业交叉做，这样可以让大脑更加清醒，更有利于记忆和理清学习思路。在做理科作业时，要多练练心算，这样可以提高做作业的效率，同时还要注意先后次序。比如说今天布置的数学作业对明天的数学课非常重要，你应该优先把数学作业做好。今天布置了物理作业，但是明天没有物理课，如果你的时间确实不够，可以把这一科作业暂时放一放。

三、要像对待考试一样对待作业。作业内容要规范，解题步骤要简明、有条理。可不要认为这是小题大做，如果平时不注意培养严谨的答题习惯，考试时就来不及了。作业要保存好，定期将作业分门别类地进行整理，复习时，可随时拿来参考。作业写完之后，要认真检查验算，避免不应该的错误发生。发现错误要认真改正，及时弥补自己知识上的漏洞。作业要独立完成，锻炼自己的思维能力，检验自己掌握的知识是否准确。

做好作业是保证听课效率的前提，做好作业，好成绩自然随之而至；做不好作业，成绩必然一落再落，这都是被验证了无数次的真理。

"纸上得来终觉浅，绝知此事要躬行"，仅仅听老师讲和看课本还远远不够，因为这样得来的知识比较肤浅。要想真正掌握所学知识，必须认真做作业。考生想要通过做题巩固所学知识，必须养成良好的习惯：

1. 先复习，再做题，做到有的放矢，结合题目理解知识点。

2. 合理分配时间，哪些科目的作业现在对你来说比较重要，就先做哪科作业。还可以把作业分割为几部分做，交叉着做，以保持头脑清醒。

3. 作业一定要规范，像对待高考一样对待每次作业。

03

紧跟老师的讲课思路，抓住课堂主阵地

　　老师上课时提出一个问题之后，往往不着急讲解，他的眼睛总是一扫全班的同学，他在看什么呢？他在留意同学们是否在思考这个问题，也是给大家留出思考的时间。这时有些同学左望望右看看，似乎问题和自己没有关系，反正一会儿老师也会讲；而有些同学则不然，只见他们双眉紧锁，眼睛盯着黑板，正绞尽脑汁地思考解决问题的方法，生怕这个问题跑了一样。这个时候，如果你去打扰他们，他们不和你急眼才怪呢！

　　那么，怎样才算是跟上了老师的讲课思路，又需要做哪些准备工作呢？

　　首先，积极主动地思考。主动思考的同学，即使是没有完全解答出老师的问题，至少也完成了思考的过程，再通过老师的讲解，一定会豁然开朗，明白自己没有解决问题的症结所在。而那些左顾右盼的同学，他们连想都不想，即使在老师点拨下，也不一定能把问题搞清楚。

　　紧跟老师的讲课思路，并不是让你只带着眼睛和耳朵，被动地接

袁腾飞
讲高效学习法

受，而是要你主动积极地思考，带着问题去听课，把老师的解题思路和思维方法学到手。

其次，预习。对将要学习的内容有一个初步的学习和理解，在听课的时候就会更有针对性。预习时产生的疑问，就会在课堂听课、提问和老师启发讲解中逐步得到解决，进而产生新的疑问，再进一步解决问题。一个个疑问的产生和解决，会使你的学习进一步深化，学习能力得到进一步提高。

最后，与老师的思路保持一致。听课时，眼睛盯着老师的板书，耳朵听着老师的讲解，眼睛要注视老师的动作与表情，使思维与老师保持一致，紧跟着老师的思路走，然后全神贯注地边听、边记、边思考。这样听课才能把握住学习的重点。千万不可脱离老师讲课的轨道，一旦出轨，就会造成学习上的"翻车"。

一位考取了清华大学的高才生在总结课堂学习经验时说："每堂课一开始，我就努力与老师共'呼吸'，紧紧跟随老师的思路，理解老师讲授内容的思维逻辑，当你的思路和老师讲课的思路产生'共鸣'时，这种听课简直是种享受，你原有的知识无疑得到了巩固和升华。同时，我还注意抓住老师写字、沉思等停顿的每一瞬间，以极快的速度复习刚才学过的内容，经过这样多次复习，就可以把不少知识当堂记住。"

这位优秀生的经验，为我们提高听课效率做出了典范。你知道自己该怎么做了吧！

提分秘籍 课堂听讲，和老师"共呼吸"

要想紧跟老师的讲课思路非常简单，只要掌握以下三点：

1. 主动思考，带着问题去听课。

2. 预习，有针对性地听课，不断解决疑问。

3. 努力与老师"共呼吸"，抓住学习重点。

04

记好笔记有窍门

　　记好笔记，是高中生必备的学习技能，能否科学、有效地做笔记会直接影响到学习的效果。一般来说，从做笔记的时间来看，应该有课前笔记、课堂笔记以及课后笔记。笔记可以帮助学生克服遗忘，是学生课后复习以及考前再次复习的重要依据。

　　要想做好笔记，应该解决以下几个问题：

　　一、笔记不能太细。有的同学养成了一种不好的习惯，就是"教师讲解，自己勤记，复习死背，考试模仿"，一节课下来，笔记虽然记了几页纸，但上课根本没听懂，课后想依赖自己的笔记做复习。殊不知，自己已经失去了课堂上跟着老师训练思维的良机，知识的重点和难点都在老师的精彩讲解上，你没跟上，所以损失巨大。

　　二、笔记不是习题集。很多高三学生，老师讲课时，不是去学习老师的解法和思路，而是专门记录老师讲的每一道题以及答案。这种笔记只能算是习题集，复习时不会给自己带来多大帮助，何况还有相应的复习资料，上面的例题以及解法已经够多了。因此，单纯记录习题的笔记对于复习来说，一点儿用处也没有。

三、笔记不能只体现"记"。 还有许多学生的笔记就记个结论，或是老师总结的，或是复习资料上的，没有自己的任何体会与认识，这样的笔记只是抄写。记笔记时应该把同类问题归结起来，拓展自己的思路，做到举一反三。

四、做符号笔记。 在教科书、参考书和其他书的旁边加上各种符号，什么符号代表什么意思，由自己掌握，这样便于找出重点，方便复习。

五、准备专门的笔记本。 比如语文基础知识面广、点多，拼音、词汇等小题虽不复杂，但得分也不易。平时最好准备一本专门的笔记本，一遇到陌生的或心存疑问的字词就立刻弄清并记下来。只要平时做一个有心人，考前复习时拿出来翻一翻便受益无穷。

六、巧用活页笔记本。 到了高三，你肯定有很多笔记要做，你记完了课堂笔记之后，老师可能在下一堂课上再补充一些相关内容，也有可能你在课后做的一些练习题和老师讲的某一道例题是类似的，那你就可以抄下来，补充在后面。如果用一般的本子就不太方便，插来插去、改来改去的，不太清楚。用活页笔记本的话，就可以随时在中间插进一张纸，把你需要补充的东西写上去，这样笔记会比较清晰。

七、不仅会记，还要会用。 我们记笔记并不是为记而记，而是为了使用才记的。有的人记了笔记后就搁在一边，从来不用，这样笔记就没多大用途了。所以笔记要常看，温故知新，才不致遗忘。笔记上的知识点是复习的基础，不但能帮助大家复习，而且还能补充和完善新的知识，同时还要不定期整理笔记。整理笔记的过程是个分析、归纳、综合的过程，不仅有利于知识的条理化、系统化，而且有利于巩固记忆和提高自学能力。

高考是残酷无情的，高中的学习是紧张热烈的，希望同学们在高中学习中能摸索出更有效、更适合自己的记笔记的方法，用好手中的武器，攻克更多的难题。

提分秘籍　笔记——你的独门学习宝典

　　笔记的重要性不言而喻，它是专属于考生自己的独门学习宝典，你的心得、体会、疑问在笔记中都有所体现。所以掌握正确的记笔记的方法，对考生来说事关今后学习的成败。

　　1. 笔记不能太细，要在认真听老师讲解的基础上记笔记。

　　2. 笔记不是习题集，并不是每一道题都需要记到笔记上。

　　3. 笔记要有自己的心得体会。

　　4. 记笔记的形式可以多样化，例如借助各种符号记笔记；使用活页笔记本，方便又实用。

　　5. 笔记要不定期地进行整理和总结，以达到使用的目的。

05

人力胜天工，只在每事问

　　我有个叫李洋的学生，属于那种典型的有心无力的学生，自己学习的欲望很强，期望很高，但是成绩并不见提升。有一些问题他搞不清楚，问一遍老师耐心解答，问两遍老师还耐心解答，问第三遍的时候，老师就可能会有情绪，这是正常的。但是他很敏感，很明显地感受到老师情绪的这种变化。

　　他觉得自己很不招老师待见，内心很焦虑，然后就找我聊，问我他该怎么办。我说这很正常，关键是自己的心态要平和，不要着急，谁都会遇到不会做的问题，只要坚持下去，就会成功。然后我说"君非池中物"，你不是条小鱼，将来一定会是一条大龙，给他勾画出一个美好的前景。

　　从那以后李洋就彻底放开了，特别努力。有什么问题非要彻底搞懂为止，不会就问老师，老师不耐烦也要去问。他说，我的目的是高考，考上了才对得起自己的老师，老师现在的不耐烦是在督促我更好地学习。

　　他第一次模拟考试的时候分数非常差，连上专科都不够。但是通过努力，高考分数提高了一百多分，结果考上了一本。从专科都不太可能考上，到一下子跨越三本、二本到一本，连升了好几级。

所以，请你放心，大胆提出自己不能解决的问题，请老师和同学来帮助你，发扬"打破砂锅问到底"的精神，你就一定能取得事半功倍的学习效果。

但是，我们很快就会发现一个问题，那就是很多同学经常向老师和同学请教，但考试还是一塌糊涂。这是因为他们都没问到点子上，不懂的还是不懂。

那么，怎么才能问到点子上呢？

一、主动发现问题，提出问题，综合运用学习经验和生活经验进行合理分析，广泛收集各种信息，并理解信息，从各种信息中向老师提出有价值的问题。

二、善于抓住问题的实质，根据自己学习的实际情况，从不同角度寻找方法，积极独立地进行有创造性的思考，敢于挑战老师的答案。

综上所述，我们可以把高中学习的各门学科都套用进来。无论哪门学科，你都要学会带着问题去学习。其实学习的全部过程就是让你去理解问题，提出问题，分析问题，最终解决问题。

提分秘籍 提问要问到点子上

问题的提出往往比解决问题更重要。这说明你思考了，对自身存在的问题也有清醒的认识。仅仅提问还不够，关键还要问到点子上。

1. 综合各种信息，从中提出最有价值的问题。

2. 抓住问题的实质，进行有创造性的思考，敢于挑战老师的答案。

贰 学习方法篇

第四章　好成绩都是练出来的

做题是高中生学习的重要环节，它的好处在于：一、加强你对课程知识点和知识体系的理解和掌握，二、锻炼你的思维能力和解题能力，三、提前进行高考预热，你做的每一道题都是在为参加高考热身。

01

弃书海，扔书筐，学得轻松，考得出色

　　精华学校2008届校友黄骥华，2008年高考以683分的高分考入香港科技大学，并且获得了香港科技大学48万港币的全额奖学金。她说，学习并没有什么诀窍，自己也不算是多聪明的学生，成功的关键是每天都在"统练"，每个星期她起码要用掉三支圆珠笔芯，做题量和练习量是非常大的。

　　"统练"就是综合训练的过程，包括各科的综合练习和模拟测试等环节。"'统练'不会给考生造成太大压力，因为不直接面对高考；'统练'又有一定的压力，因为我每次都把它当成是正规的考试，正是这种不松不紧的氛围使我达到最佳状态。'统练'时，我总能敏锐地发现题目的'陷阱'，那个时刻的喜悦即使在分数下来以后，仍让我回味无穷。"从黄骥华的话中，我们可以看出"统练"的重要性。

　　对大多数同学而言，我不提倡搞"题海战术"。各科试卷和练习题册叠加起来比课本还要厚，很多学生埋头于题海苦战的时候，给自己的眼睛戴上了厚厚的酒瓶底，甚至因为长时间伏案学习、做题，出现了腰酸背痛等症状。

只是单纯多做题而不理解其中的知识点和解题思路，是不能做到举一反三的，下次遇到同样的题目还是不会。做题不是为了给自己安慰，而是要锻炼自己的思维，掌握各类题型，巩固所学知识，找出自己的薄弱环节，并加以"修补"。

我们来看一道历史试题：

阅读下列材料：

材料一　（唐朝）长安中，（苏瑰）累迁扬州大都督府长史。扬州地当冲要，多富商大贾，珠翠珍怪之产，前长史张潜、于辩要皆致之数万，唯瑰挺身而出。

——《旧唐书》卷88

材料二　（唐朝大历）十四年七月，令王公百官及天下长吏，无得与人争利，先于扬州置肆贸易者，罢之。先是，诸道节度观察使以文陵（扬州）当南北大冲，百货所集，多以军储货贩，列置邸肆，名托军用，实私期利。

——《唐会要》卷86

材料三　唐世盐铁转运使在扬州，尽干（掌管）利权，判官多至数十人，商贾如织。故谚称"扬一益二"，谓天下之盛，扬为一而蜀次之也。……张祜诗云："十里长街市并连，月明桥上看神仙。人生只合扬州死，禅智山光好墓田。"

——（宋）洪迈《容斋随笔》卷9

请回答：

（1）概述上述材料中表明唐代扬州经济繁荣的信息。

（2）根据上述材料分析唐代扬州经济繁荣的原因。

【答案】（1）商人聚集；店铺林立；货物集散；城市繁华；"扬一益二"。

（2）地理位置优越；设置盐铁转运使；有保护商贸的政策。

【解析】 通过阅读三则材料，可以得出基本认识：扬州繁荣富庶的表现及原因；再细读每一则材料，根据问题"扬州经济繁荣的原因"，提取有效信息。材料一主要提到扬州地理位置的重要性及商贾云集的情况；材料二主要提到唐朝政府限制官吏经商的政策和扬州货物云集的表现，材料三主要提到唐朝政府在扬州设立盐铁转运使，保护商品贸易，从而使扬州出现了店铺林立、城市繁华、"扬一益二"的景象。了解了这些，就能得到有效信息，组织出正确答案。

本题提供了三则纯文字材料，题目以唐代城市经济发展为核心，通过新情景、新材料，考查学生的分析理解能力，属于典型的文字型材料题。材料解析题是一种主观性试题，是高考历史的主要题型之一，具有"灵活性高和区分度强"等特点。它对考生的能力要求较高，注重考查考生的理解能力、归纳能力和文字表达能力。一些学生认为此类题型难，是因为他们阅读理解能力低，基础知识掌握不牢，缺少审题和解题的技巧，平时又缺少应有的训练。

对于考生来说，将题型提炼出来，进行重复练习，强化分析解题方法，把握题型，明确解题思路，比盲目地大量机械地做题，能取得更好的学习效果。

再看这道政治考题：

【2012年江苏高考语文卷】 英国诗人雪莱在《无常》中吟唱道，"今天，花儿喜爱欢悦/明天，就会凋谢/我们希望长驻一切/诱惑你，然后飞逸/什么是人间的欢乐/那是戏弄黑夜的电火/像闪光一样短促"。下列与诗中的哲理相近的是（　　　）。

A. 不是风动，不是幡动，仁者心动

B. 人一次也不能踏进同一条河流

C. 万物都在运动，但只是在概念中运动

D. 静者静动，非不动也。静即含动，动不舍静

【答案】B。

【解析】本题是生活与哲学题目中典型的以"诗词文赋"为背景的考题，考查学生对文字的鉴赏解读能力及分析材料的能力。

除了上述两种题型外，综合性题目和应用型题目在近几年试卷中也比较常见，例如数学中有关积分、求极限、空间解析几何、多元函数微分等综合题，以及微积分与微分方程在几何上的应用题等。解综合题时，考生要迅速地找到解题的切入点。解应用题的一般步骤则是认真理解题意，再建立相关的数学模型，一般要用到几何、物理力学和经济学等知识。考生只有平时此类题目的训练多了，考场上才有思路，不至于乱了阵脚。

例如下面这道例题：

【2012年江西文科数学】椭圆 $\dfrac{x^2}{a^2}+\dfrac{y^2}{b^2}=1$（$a>b>0$）的左、右顶点分别是A、B，左、右焦点分别是$F_1$、$F_2$。若 $|AF_1|$，$|F_1F_2|$，$|F_1B|$ 成等比数列，则此椭圆的离心率为（   ）。

A. $\dfrac{1}{4}$ 　　　B. $\dfrac{\sqrt{5}}{5}$ 　　　C. $\dfrac{1}{2}$ 　　　D. $\sqrt{5}-2$

【答案】C。

【解析】本题主要考查椭圆和等比数列的知识，根据等比中项的性质可得结果，考查比较全面到位。

在各科学习过程中，我不赞成搞"题海战术"，大做特做模拟题和测试题的方法是不可取的。考生主要应该理解掌握各门学科的基本概念，熟练掌握定理、公式等的运用，清楚它们的应用范围和基本的考查

点等，再做一些习题加以巩固，就一定能取得好成绩。

<table>
<tr><td>提分秘籍</td><td>正确做题"二十四字诀"</td></tr>
</table>

理解基本概念，掌握解题方法，突破典型例题，注重总结归纳。

袁腾飞
讲高效学习法

02

课本是学习和解题的源头

你一定特别关心怎样才能提高成绩吧，那我告诉你一句话："回去好好学习你的课本。" 高中课本是教与学的理论源头。高中生要学好各门学科，必须重视并学会阅读和利用课本。可是，大多数同学主观地认为，课本的那点儿知识早就滚瓜烂熟了，回答老师的话一定是："老师，基础知识我都掌握了！" 这种用书的方法是绝不可行的。掌握课本的知识十分重要，学生只有真正领会概念和定理等基础知识，才能达到以不变应万变的目的。

从连续几年的"3+X"考试形式中不难看出：高考正向着两个方向延伸，即基础和能力。考生如果在平时的学习中忽视基础知识，遇到大型考试就会掉链子，出现各种失误。

对于学生来说，基础知识是解题技巧、逻辑分析以及综合能力等的前提和必备条件。基本概念更是基础中的基础，它们对知识的规律和共同特点加以提取和概括，反映了知识一般的、本质的特性。学生深刻地理解了基本概念，就充分理解了知识的本质。学生掌握了这些基础知识，考试时就可以剥掉题目的伪装，使考点暴露出来，将一道原本可能是"峰回路转，陷阱重重"的难题变为一道"送分题"。

除了基础知识，课本中的定理、公式推证的过程本身就蕴含着重要的思维方法。很多学生希望通过"题海战术"去"悟"出某些道理，结果是题海没少泡，就是不见效，因为他们对定理和公式的理解，还停留在肤浅、机械照搬的水平上。

例如下面这道文科数学函数题：

函数 $f(x)=2\sin x$，对任意 $x\in R$，都有 $f(x_1)\leqslant f(x)\leqslant f(x_2)$，则 $|x_1-x_2|$ 的最小值是（　　　）。

A. $\pi/2$　　　　B. π　　　　C. $3\pi/2$　　　　D. 2π

【答案】B。

【解析】∵对于任意 $x\in R$，都有 $f(x_1)\leqslant f(x)\leqslant f(x_2)$

∵$f(x_1)$ 是 $f(x)$ 的最小值，$f(x_2)$ 是 $f(x)$ 的最大值

又∵$-2\leqslant 2\sin x\leqslant -2$

∴$f(x_1)=-2$，$f(x_2)=2$

∴$\sin x_1=-1$，$\sin x_2=1$

∴$x_1=-\dfrac{\pi}{2}+2k\pi$，$x_2=\dfrac{\pi}{2}+2k\pi$

∴$|x_1-x_2|$ 的最小值为 π。

针对这个问题，学生要弄懂关于函数的几个基本概念：（1）周期函数定义域的结构特征；（2）最小正周期的存在状况；（3）周期函数函数值的分布规律；（4）周期函数的图像特征。在此基础上，学生才能真正弄清周期函数、最小正周期的概念，学生的认识结构也从"了解"上升到"理清并掌握"的层面。要注意在概念的逆用、变用中获得解题方法，有时感到对一些问题无从下手，通过概念的逆用和变用往往使问题迎刃而解。

一旦你深刻理解了基础知识，对考题的题旨就可洞若观火，"解题

技巧"自然"呼之即来，用之则现"。这就好比告诉你起点和终点，怎样走可随心所欲。同样，当你充分了解了知识的规律与特点，"逻辑分析"自然会有条不紊，全面而严谨。

高考对学生综合能力的考查，其实只不过是将多学科、多层次、多方面的基础概念交叉在一起，形成一个网状概念结构。对于概念清晰的考生来说，这种类型的考题只不过是一条条经纬线织成的网，只要细心地将一条条线抽出，这网也就不攻自破了。

那么，怎样才能夯实基础呢？

一、仔仔细细地阅读课本。首先，掌握课本上所有的知识点，包括插图、辅助栏目、附录表、页脚、注释、常识性介绍内容等；其次，对重点内容进行挖掘、拓展；最后，适当利用参考资料，帮助我们加深对课本知识的理解。记住，课本是"本"，资料是"末"，我们不能本末倒置，一切资料都是为课本知识服务的。

二、掌握知识点的核心内容。高考很少考查知识点的表层意义，关键看你是否掌握了知识点的核心内容。一些学生死记硬背，背诵定义和公式，忽视了对知识点本质的研究，直接导致对知识点的掌握停留在肤浅的层面，没有掌握核心内容。

举个英语例子。大家都知道定冠词"the"表示特指。看下面这两个短句，"the more than 500 people"和"more than the 500 people"，这两个短句只有定冠词"the"的位置不同。第一句的意思是这帮人超过500人，后一句话的意思是这帮人不属于这个500人的人群，是他们之外的。

定冠词的表层意思是特指，深层次的作用则是用来确定一个范围。这种知识点在每个学科中都有，高考往往考的就是这样的内容。

　　高中生要重视学习课本，尤其是基础薄弱生。高考的要点、重点、难点和知识点分解都体现在课本当中。你抓住了课本，就等于抓住了高考80%的分数。考生只要结合课本，从自己的实际出发，制订正确的学习目标和计划，并严格执行，高考必定会成功。

03

以错题为镜，可以知得失

　　唐太宗李世民曾说："以铜为镜，可以正衣冠；以古为镜，可以知兴替，以人为镜，可以明得失。"高中生以错题为镜，就可以找到自己的知识漏洞，找到错误的症结，然后对症下药，及时补救。

　　每一次拿到老师批改的作业本或者考试卷子，多数人会及时查找自己做错的习题，但只做这些是不够的。我们要用好错题这面镜子，做好错误问题的分析，是什么原因做错的，是真的不会，还是马虎造成的。一份试卷、一道习题就是一面镜子，照出你的知识缺陷，然后对症下药，做到完全解决问题，以免下次重复类似的错误。

　　例如通过下面这道例题，看看你的知识还存在哪些漏洞。

　　【2010年安徽高考语文卷】 找出下面文字中的五处语病，先写出有语病句子的序号，然后加以修改。（5分）

　　①在空军航空兵某师飞行大队长孟凡升参加一次集训时，驾机升空不到两分钟，突然发现飞机发动机转速异常、温度下降。②他迅速反应到发动机有重大问题。③在生死考验的瞬间，他立即与指挥员报告。④收到指令，他果断操纵飞机寻找场地，在确认飞机无法迫降

后，才请示跳伞。⑤为了避开村庄，直到允许跳伞的最后时刻之际，他才跳伞。⑥伞刚打开，人就着地了。⑦孟凡升多次在短短的48秒内主动放弃跳伞机会，有效避免了更大损失。⑧48秒，生死关头见素质，更见精神！

【答案】①"在"调至"参加"前；②"反映"改为"意识"；③"与"改为"向"；⑤删除"之际"；⑦"多次"调至"主动放弃"前。

【解析】①"在"放在句首，造成句子没有主语。有些同学修改①句时，看到"在"就误认为介词的出现使主语"孟凡升"变成了介词"在"的宾语，很随意地就把"在"删了，这就错了。应该将"在"调到"参加"前，构成"在……时"的句式，成为句子的状语。②"反应"与其后的宾语不搭配，改为"意识"就可以了。③介词"与"引进比较或动作的对象，改为"向"，有"对""朝"的意思。⑤"之际"与"时刻"重复，要删除。⑦"多次"是修饰动作"放弃"的，应紧跟在"主动放弃"前。

从上题可以看出，考生应重视语言运用，随着新课改和高考改革的不断推进，此类题目逐渐成为高考语病题新的主流，不仅要求考生会判断，还要会修改。有些学生虽然判断正确，却将原句修改得更加面目全非。

那么如何分析错题，才能洞见自己所犯的错误和知识上的漏洞呢？

一、这道题考查的知识点是什么？二、这道题是怎样运用这一知识点的？三、解题过程是什么？四、这道题还有其他做法吗？在此基础上，你就可以进行整体分析，拿出一个总体结论了。

例如下面这道例题：

【2011年陕西高考文综】阅读材料回答下列问题。

改革开放以来，我国高度重视科技创新在经济社会发展中的作用。

材料一

1993年	八届全国人大常委会第二次会议通过《中华人民共和国科学技术进步法》
1997年	八届全国人大常委会对科技进步法的实施情况进行执法检查
2003年	100名人大代表在十届全国人大一次会议上提出关于修改科技进步法的议案
2004年	十届全国人大常委会将修改科技进步法列入人大立法规划项目，并向社会各界广泛征求意见建议
2006年	十届全国人大四次会议收到1000多件议案，其中33.1%的议案涉及科技进步法修改、科技成果转换、促进自主创新以及教育体制改革等
2007年	修改后的科技进步法在十届全国人大常委会第三十一次会议获得通过
2010年	十一届全国人大常委会对新修订的科技进步法进行执法检查

材料二

我国某企业坚持走自主创新之路，已经完全掌握了发动机、变速器、底盘三大核心部件的生产和制造技术，创建了具有世界先进水平的两大发动机品牌。截止到2009年申请专利4000件，获得授权专利2412件，在国内汽车行业中遥遥领先。先后通过ISO9001、ISO/TSI6949等国际质量体系认证。2009年该企业整车销售达50万辆，连续9年蝉联中国自主品牌汽车销售冠军，连续7年成为中国最大的乘用车出口企业。10年来，该企业已经让100多万消费者实现了轿车梦。

（1）结合材料一，说明全国人大代表、全国人大在推动我国科技进步中行使的职权及其作用。（12分）

（2）结合材料二和所学经济知识，分析自主创新对企业发展的作用，假设你是企业的经营者，你该采取哪些措施来增强企业的自主创新能力？（14分）

【答案】（1）①全国人大代表行使提案权，使科技进步法的修订更好地反映人民的意愿，适应社会发展要求。（4分）②全国人大是最高国家权力机关，全国人大及其常委会行使立法权，制定并完善科技进步法，为我国科技进步提供了法律保障。（4分）③全国人大常委会开展科技进步法的执法检查，行使监督权，保证了科技进步法的贯彻实施。（4分）

（2）自主创新对该企业发展的作用：①有利于开发新产品，提高产品科技含量，打造自主品牌；（2分）②有利于提高产品质量，提高企业的市场竞争力，扩大产品销量；（2分）③有利于提高劳动生产率，降低生产成本，增加企业利润。（2分）（其他合理答案可酌情给分）

企业经营者应该采取这些措施来增强企业的自主创新能力：①加大研究开发经费投入；②吸引优秀的技术人才；③鼓励员工参与企业创新活动；④通过奖金、股权等方式激励科技人员；⑤与大学、科研机构进行科技合作；⑥积极申请专利，保护知识产权。（答出1项得2分，答出任意4项可得8分，其他合理答案可酌情给分。）

【解析】第（1）问属于图表分析题。解答图表分析题的关键是首先要读全、读准材料，图表的标题和注解、图表中横向和纵向数值等均不能忽视；其次，还要从图表直接反映的信息中找出问题的本质；最后，综合运用所学知识进行解读、阐释。解答第（2）问重在审清问题：解答第①小问要注意"经济知识""自主创新"和"企业发展"等字样，明确本题解答的范围和方向；解答第②小问要紧紧围绕"自主创新能力"这个中心，不能超越问题，"漫天撒网"。

这道题，你能答对多少？不管答对多少，都要以数字量化你的丢分数值，例如审题不清失分，考虑不周失分，概念不清失分等。我们总结历次考试，你总会有最不该丢的5~10分。高考时，这5~10分就是决定你一生命运的关键。

　　错题就像一面镜子，可以帮助我们查漏补缺，找到学习上的薄弱环节。若能及时采取有效措施进行补充完善，一定会使学习更加全面化、系统化、有效化。

提分秘籍　错题"启示录"

　　如果你对一切错误关上了门，那么真理也将把你关在门外。错题可以让我们发现学习时存在的很多问题，例如这道题考查的知识点你懂不懂？解题过程你理解了吗？这道题还有其他做法吗？如果面对错题时，你总能这样问问自己，提高成绩就指日可待了。

04

许多题目讲过了、做过了、考过了，有的还不只考过一遍，但最终还是做错了，这些错题的背后，往往隐藏着你学习过程中产生的若干漏洞。那么，我们该如何弥补这些漏洞呢？那就是建立一本错题本。

错题本是胜利的"法宝"，几乎每个高考状元都有厚厚一摞错题本。考生不在同一个地方跌倒，前进速度自然就快了，高考时名列前茅就是理所当然的事儿。

我有个学生，原来数学成绩糟得没法说，在精华学校待了一学年，人家考上清华了。我很惊讶，问他数学成绩怎么提高那么快？他一下子拿出了16本错题集，高中三年里所有出错的数学题都在这16本错题集里呢。高一数学4本，高二数学4本，高三数学2本，其余6本是综合整理了三年中容易出错的数学题。易错题有从作业本上摘录的，有从考卷中摘取的，还有的是从课外书上摘录的。他把那么多易出错的题都做熟了，考试成绩当然就好了。

很多学生学习成绩之所以上不去，很重要的一个原因就是不重视错题积累。到了高三复习的时候，书山题海，隔三岔五一小考，隔五岔六一大考。眉毛胡子一把抓，抓不住重点，既不知道自己容易在哪些地方出错，更不知如何改正错误。

这时候要是有本平时积累起来的错题本，那可是久旱逢甘霖。复习的时候，看看以前做错的习题，搞明白自己错在哪儿了，这么不断反复，错题就会在脑海里留下深刻的印象。你会发现，这绝对是一本只属于自己的宝贵资料。

例如下面这道例题：

【高中文科数学】 已知 a，b 是实数，函数 $f(x)=x^2+ax+1$ 满足函数 $y=f(x+1)$ 在定义域上是偶函数，函数 $g(x)=-bx\big[x(x+1)\big]+(3b-1)x(x+1)+2$ 且 $g(x)$ 在区间 $(-\infty,-2)$ 上是减函数，且在区间 $(-2,0)$ 上是增函数。

（1）求 a 与 b 的值。

（2）如果在区间 $(-\infty,-1)$ 上存在函数 $F(x)$ 满足 $F(x)\cdot f(x+1)=g(x)$，当 x 为何值时，$F(x)$ 得最小值。

【答案】 （1）$\because f(x+1)$ 在 R 上为偶函数，

$\therefore f(x)$ 的图像关于直线 $x=1$ 对称

从而 $f(2)=f(0)$，即 $2a+5=1$，

$\therefore a=-2$。

此时 $f(x)=x^2-2x+1=(x-1)^2$，$f(x+1)=x^2$

$\therefore g(x)=-b(x^2-1)2+(3b-1)x^2+2=-bx^4+(5b-1)x^2+2-b$

$\therefore g'(x)=-4bx^3+2(5b-1)x$

令 $g'(x)=0$，即 $-2x(2bx^2-5b+1)=0$，

由题意有 $g'(-2)=0$，

$\therefore 8b-5b+1=0$，$\therefore b=-\dfrac{1}{3}$。

此时 $g'(x)=\dfrac{4}{3}x(x^2-4)$，当 $x\in(-\infty,-2)$ 时，$g'(x)<0$，

当 $x\in(-2,0)$ 时，$g'(x)>0$

故当 $g(x)$ 在 $(-\infty,-2)$ 上是减函数且在 $(-2,0)$ 上是增函数时，$a=-2$，

$b=-\dfrac{1}{3}$。

(2) 当 $x\in(-\infty,-1)$ 时，$F(x)\cdot x^2=g(x)=\dfrac{1}{3}x^4-\dfrac{8}{3}x^2+\dfrac{7}{3}$

$\therefore F(x)=\dfrac{1}{3}x^2+\dfrac{1}{3x^2}-\dfrac{8}{3}\geq 2\sqrt{\dfrac{7}{9}}-\dfrac{8}{3}=\dfrac{2\sqrt{7}-8}{3}$

当且仅当 $\dfrac{1}{3}x^2=\dfrac{7}{3x^2}$，即 $x=-\sqrt[4]{7}$ 时，

$F(x)$ 在 $x\in(-\infty,-1)$ 上取得最小值 $\dfrac{2\sqrt{7}-8}{3}$。

【解析】 这是一道高中数学函数和导数综合题，是考查考生基础知识的典型习题。容易发生错误之处有这样几点：函数求导容易出现错误，再就是分析增减函数的区间时容易出现偏差，运用均值不等式考查的知识点也非常重要，特别是最后的结果很容易算错。

错题本如此重要，那么考生究竟应该如何做呢？

一、错题本的基本格式。 错题本首先要显示错误的题目的出处，比如书上多少页第多少题，考试卷第多少题。首先原题抄写一次，进而分析错误原因，重新做一次，然后检查答案是否正确，如果仍然错误，则要再做，直到正确为止。

二、错题本的基本内容。 1.分类。例如老师要求整理的词组、句子以及在做卷子和课外读物时积累的词组和句子等。2.重点。也就是老师在课堂上特别强调的。3.难点。自己在做题中容易错的，或是老师讲的大家普遍容易错的题目。4.结论。结合自己的情况，不定期总结自己需

要注意的问题。5.感受。本学期自己是进步了还是后退了，进步了就给自己一些奖励，后退了也要适当进行自我惩罚。

三、要注重平时的积累。平时有了心得和体会，随时写下来。遇到有启发的习题，就摘抄下来。看到一些新鲜的题型，赶快记下来。考试哪个地方出错了，也要记录，吸取教训。考试之后，对照考卷逐项找出问题，放假的时候专项补习。

四、记录的形式可以多种多样。考生没必要非得每道题都抄下来才行，这么做既耽误时间，弄不好还会出错。最简单方便的办法就是拿剪刀把错题剪下来，贴到错题本上去，尤其是物理和数学的图像题型更要这么办，花半小时画个图，没必要。具体答案也可以贴上去，这样比较节省时间，但是解题思路（包括自己做错的原因）必须用红笔在旁边写上去。

做好了错题本，那么应该如何用呢？

一、每周把该周错题本中记录的题目快速浏览一遍；

二、每月把该月错题本中记录的题目再快速浏览一遍；

三、每个季度把错题本中三个月记录的题目再快速浏览一遍；

四、大考前把该错题本中的所有题目认真复习一遍，确保同样的题目不再错第二次。

看错题时，注意要遮住答案，如果自己再错就要好好检讨一下，注意总结自己错的原因，然后进行专项练习。在今后遇到同类习题时，你就会立刻回想起曾经犯过的错误，从而避免再犯。同一道题不能错两次，同一类题目也不能错两次。如果你能做到各科都建立错题本，这样经常温故知错、持之以恒，你的高考成绩自然就会提高一大截儿。

考生只要有了错题本，复习的时候，就能有的放矢，哪儿出错了，就重点看哪里。错题本的使用是有讲究的，只有掌握了方法才能最大限度地发挥它的作用。错题本要按周期循环浏览，例如一周、一个月、一个季度、大考前，都可以把错题本好好看一遍，防止在相同的地方再次犯错。

05

扬长补短，提高总分是关键

偏科是一种常见现象，很多学生被不擅长的学科拖了后腿，备感苦恼。

偏科怎么办呢？就高考而言，高考最后看你的总分，所以在可能的情况下要尽量扬长补短。例如，你原来数学能考40分，现在考70分，只能说有进步，如果要考到120分，你起码在高一时就得有针对性地补课。

精华学校的多位教师都说过："考清华、北大的同学不能有弱项。"的确如此，清华、北大作为全国的顶尖高校，选拔学生的标准也是非常之高。若想考取清华、北大的热门专业，就更要具备强劲的实力，做到每门科目门门都优秀才行。

如果你已经到高三的第二个学期了，或者都四月份了，还有俩月就要高考了，这个时候就不要再扬长补短了，还是扬长避短吧。这门课不行，再怎么努力，提分都有限，那就赶紧抓紧时间复习提分较快的科目，这门较差的科目能答出自己应有的水平，保证别拉分就行。扬长绝对是摆在第一位的，补短是摆在第二位的。优势科目一定不要落下来，一定要拿高分。

哪些科目、哪些知识点是自己的弱项，哪些科目、哪些知识点是自己的强项，考生要有针对性地学习，着力在弱项上下功夫。还要保证强势科目的优势，使之更强，否则，便会落得竹篮打水一场空。

每个人都会有自己的优势科目，而那些弱势科目的存在，恐怕也是由来已久。要想攻克这些弱项，扫除我们前进道路上的这些障碍绝非易事，注定要经历一个比较痛苦的过程。

通过下面这道例题，看看自己存在哪些弱项，并认真体会如何攻克弱项。

【2011年浙江高考文综】近年来，东部地区民营企业出现了"用工荒"，一些企业难以找到所需的农民工。"用工荒"成为社会关注的热点。

材料一　我国东部地区民营企业绝大多数属劳动密集型企业，对农民工的需求很大。我国地区发展水平和资源禀赋差异巨大，中西部地区仍将保持一段时间的工资相对低廉的优势，一些东部企业逐渐向中西部扩张。随着国家中西部地区开发战略的实施，中西部地区企业用工明显增加。

材料二

表　不同地区农民工月均收入及增幅

	2008年	2009年	增幅
东部地区	1352元	1422元	5.2%
中部地区	1275元	1350元	5.9%
西部地区	1273元	1378元	8.2%

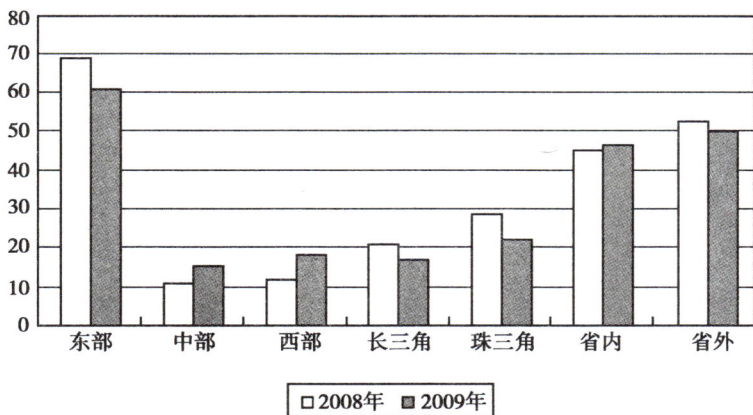

上图为外出农民工就业地域分布比例。（单位：%）

材料三 就"用工荒"问题，三位同学各抒己见。小张认为，"用工荒"是一个严重的社会经济问题，一定程度上"慌"了企业，企业和政府都应高度重视。小王认为，"用工荒"与劳动力价格太低有关，企业只要大大提高工资，"用工荒"就能迎刃而解，企业也没有什么可"慌"的。小周则认为，"用工荒"是市场运行过程中的自然现象，不必大惊小怪。只要让"看不见的手"继续发挥作用，"用工荒"问题自然会得到解决。

结合上述材料，运用思想政治的有关知识回答以下问题。

（1）分别指出上表、上图中的经济信息。（6分）

（2）运用劳动和就业、社会主义市场经济的有关知识分别评析三位同学的观点。（14分）

【答案】（1）上表显示，东部地区民工工资高于中西部地区，但增幅小于中西部地区。上图表明，东部地区吸纳了绝大部分外出农民工，但2009年所占的比例有所下滑。相对于2008年，2009年农民工在东部、长三角、珠三角就业的比例下降，在中西部地区的比例上升，省内就业比例上升，省外就业比例下降。

（2）劳动者是生产的主体，在生产力发展中起主导作用，企业招不到人，生产要素与劳动力无法结合，不能创造财富，必然影响企业和地区经济的发展，小张的观点有道理。企业提高工资一定程度上可缓解"用工荒"，但企业不转变发展方式，就不可能持续提高工人的工资，何况企业要招到工人，还应为工人提供劳动安全、社会保险等。从根本上讲，解决"用工荒"的出路在于企业转变发展方式，因此小王的观点不全面。在我国，市场在资源配置中起基础性作用，但市场有局限性，要更好更快地解决"用工荒"，还需要政府的宏观调控，小周的观点也是片面的。

【解析】本题为经济生活图表类考题，是政治典型题型，考查学生对图表数据的分析解读能力，要求考生有清晰的解题思路。

通过以上例题，我们不难得出这样一个结论，那就是针对各科的具体问题，要着力在自身的弱项上下功夫。对于难题和自己难以分析完整的题目要重点下功夫，因为这些问题无疑是你学科的短板，只有把短板补齐了，你的成绩才能提高。

提分秘籍　纠正偏科，提高总分不是神话

　　每个学生都有自己的优势学科和弱势学科，偏科不可怕，可怕的是明知偏科，却放任自流，不采取弥补的措施。任何一门学科，只要掌握了正确的方法，抓住重点，然后进行针对性的练习，就一定能把自己的短板补齐了。

06

发散思维，力求一题多解

发散性思维，是一种从不同的方向、途径和角度去设想，探求多种答案，最终使问题获得圆满解决的思维方法。当我们对某一事物有了整体认识后，再由此及彼、由表及里，找到与它有一定联系的事物，挖掘它们内在的联系。这种联系可以是性质、特点的相同或相反，也可以是年代、地点、人物的一致性等等。

比如，我们在了解洋务运动的经过后，可以做深层次的思考，分析洋务运动发生的原因、性质、失败的原因、意义与教训等，这样我们才能全面、客观地认识、评价洋务运动。

发散性思维可以由古至今发散，突破时间的限制。例如土地制度可以从商周的井田制到封建社会的屯田制和均田制，再到中国共产党土地革命时期的土地政策，新中国的土地改革与土地制度，直到今天的家庭联产承包责任制。我们运用发散性思维跨越时间进行分析和归纳，对于这些事物的因果关系、特点、规律就有了全面的认识。

考生仅仅对某个学科进行发散性思维是不够的，还要进行跨学科综合，运用政治、历史、地理、文学，甚至物理、化学、生物等方面的知识进行综合发散性思维。

比如，太平天国为什么定都南京（天京）？这就不但要从历史上找原因，还要从政治、经济、地理等方面分析：政治上，这里离清朝的统治中心比较远，敌人统治力量薄弱；经济上，这里有很好的经济基础，为太平天国提供了良好的物质保障；地理上，南京是长江沿岸城市，交通方便，长江是天然屏障，等。

现在高考试题为了全面考查学生灵活运用知识的能力，经常出一些跨学科综合类型的试题，这就要求我们善于进行跨学科思维发散，多做这类练习题。例如下面这道试题：

读下面一首诗，完成下列问题：

日照香炉生紫烟，遥看瀑布挂前川。

飞流直下三千尺，疑是银河落九天。

（1）该诗的作者是_____，他是我国_____伟大的_____诗人。

（2）诗中所描述的瀑布在哪座山上？该山位于我国的哪个省？

（3）诗中有一句反映了古人对一个事物认识上的错误，这指的是什么，应如何正确认识它？

（4）古人为什么会发生上述认识上的错误？

（5）对这一事物的认识过程说明了什么？

【答案】（1）该诗作者是李白，他是我国唐朝的浪漫主义诗人。（2）诗中所描述的瀑布在庐山，该山位于我国江西省。（3）诗中"疑是银河落九天"反映了古人对银河系认识的错误。银河不是河流，是星系。（4）古人主要是受到知识水平和科技能力等条件限制，才发生了认知上的错误。（5）人的认知过程受到外界客观环境的制约，随着人们知识水平和科技能力的提高，人们对事物的认识也是不断发生变化的。

【解析】这道题同学眼睛一扫，一定以为是道语文题，其实不然，它是道综合题。它既考查了同学们的文学知识，又考查了历史、地理、政治知识。第（1）题是历史题，第（2）（3）题是地理题，第（4）（5）题是政治（哲学）题。假如考生没有扎实的历史、政治、地理知识，没有进行深入地跨学科综合练习，就无法正确解答这道题目。

"尽信书不如无书"，发散思维注重的是创新。书本上的东西是死的，而人是活的。学习知识不是机械性的接受，而是创造性的运用，学生要学会大胆质疑，提高自己发表独特见解的能力，这是提高学生创新能力、锻炼发散性思维的重要一环。

提分秘籍 一题多解，锻炼解题能力

一道习题在手，考生若能打开思维的窗扉，从各种角度去寻求不同的解题思路，对提高解题能力的帮助是很大的。如果解题后能认真总结，找出规律，举一反三，效果就更明显了。

07

高考命题中综合图表题可以说是"年年考，年年有"，而且最近两年，图表题越来越复杂，难度越来越大。对于较复杂的图表题或图表和材料混杂的试题，同学们更是感到非常棘手。

这主要是因为很多学生学习时存在两方面的问题：一是缺乏识图能力，不能有效提取图表中的有用信息，不能做到完整的数据转换；二是逻辑思维混乱，图文之间的联系拿捏不准，阐释自然不会清楚，这样答出来的结果也就似是而非了。

例如下面这道图表题，13万考生考了个大零蛋。

【2009年广东高考语文】根据"有关机构对我国不同群体通过电视获取科技信息情况的调查"的两张图表反映的情况，补充给定文段中出现的三处空缺内容。填空内容不能出现数字，要使上下文语意连贯。

根据2005年中国公众科学素养调查，对我国不同群体获取科技信息主要渠道分析的结果显示：女性通过电视科普节目获取科技信息的比例高于男性；不同年龄的群体通过电视科普节目获取的科技信息比

获取比例（％）

学历	比例
小学以下	95.9
小学	95.3
初中	93.8
高中或中专	91.2
大专	88.8
本科及以上	79.4

职业	获取比例（％）
家政人员	95.8
高校教师	79.6
产业工人	93.4
商业及服务业人员	93.2
专业技术人员	85.9
企业事业单位负责人	87.6

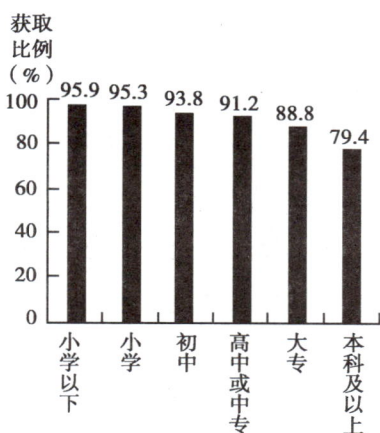

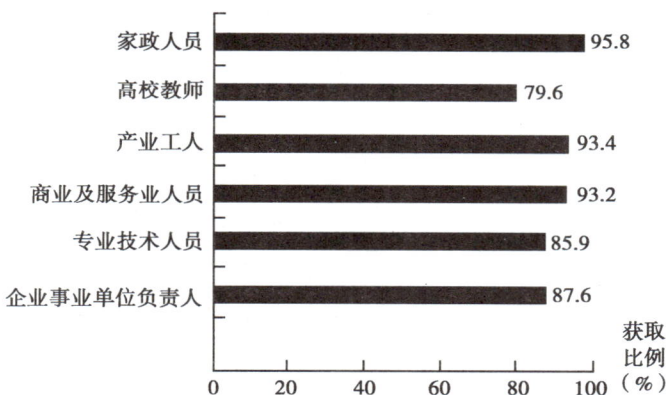

例也有差异；A_____，其中小学以下文化程度的比例高达95.9%；家政人员是电视科普节目的观众主体，而高校教师的比例相对较低，可见，B_____。上面的分析结果告诉我们，如果C_____，电视科普节目就会更有针对性。

【答案】A. 学历越低的群体通过电视科普节目获取科技信息的比例越高。B. 不同职业的群体通过电视科普节目获取科技信息的比例也有差异。C. 多考虑性别、年龄、学历、职业的不同需要。

【解析】这是一道半开放的考题，考查学生实际应用语言的能力。这道考题以调查报告的形式出现，给出了两张图表、一段文字，并抽取文字段中的三个关键点。考生要通过对题目给出的材料进行分析、判断、归纳、整理、表述，回答问题。广东众多考生栽倒在这道图表题前，再次折射出学生应试能力的不足。

考题在给出的段落中出现了分号，而每个分号都代表一层意思。如果考生能够关注到分号，继而推理判断出文中的四层意思，且四个层次间有错综的两两对应的关系，那么填空就容易多了。

除了语文，地理也是图表类题目很多的一门学科，高考地理题中综合题一般占全部题目的50%以上。以下题为例，和同学们谈谈地理综合题的答题方法和技巧。

【2007年江苏高考地理】 东北地区是我国以机械等部门为主的老工业基地。下表为"东北产业结构变化表"，下图为"东北某城市以煤炭为主导产业的产业结构调整模式图"，据此回答问题。（18分）

（1）请简述东北地区发展机械工业的有利区位条件。（6分）

（2）产业结构调整是振兴东北老工业基地的主要措施之一。与1978年相比，2005年产业结构的变化特点是＿＿＿＿＿，＿＿＿＿＿，＿＿＿＿＿。（3分）

（3）图中，A表示＿＿＿＿＿工业，B表示＿＿＿＿＿工业。（2分）

（4）工业旅游是指以工业生产场所、工业产品、工业生产工艺过程等为主要吸引物开发的旅游项目。开发工业旅游最主要的条件是（填代号）＿＿＿＿＿。（2分）

A. 资源的游览价值　　　　B. 地区接待能力

C. 市场距离　　　　　　　D. 旅游环境承载量

（5）试分析图中所示产业结构调整模式的优点。（5分）

	1978年	2005年
第一产业比重（%）	20.0	12.8
第二产业比重（%）	64.3	49.6
第三产业比重（%）	15.7	37.6

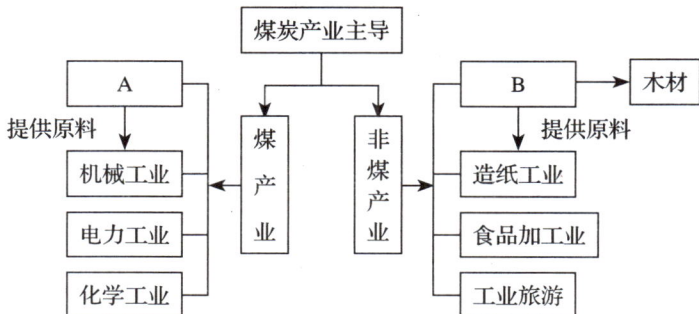

【答案】（1）原料丰富；能源充足；市场条件好；交通便利；技术基础好；国家政策支持。（2）第一产业比重下降，第二产业比重下降，但依然保持优势，第三产业比重大幅上升。（3）钢铁，森林。（4）A。（5）避免煤炭资源枯竭带来的经济衰退；优化产业结构；提高经济效益；增加就业机会；保护生态环境。

常见的图表信息题大概可以分为两类：一类是表格型材料题，一类是文字加图表等的混合型材料题。考生解答这类题型不仅要关注试题所给的材料，还要对问题的内在逻辑联系有总体把握。在审题过程中，对试题提供的所有信息要进行细致的综合分析，对于图文材料中的关键性和限制性的文字尤其要注意，因为这些都是解答问题必备的条件，忽略了就可能导致答非所问或答不全。

表格型材料解析题解题的关键：分析说明变化时（"趋势""状况"）要看数据，既要横看，也要纵看；阐述时注意动态词的使用；组织答案时要看表中的文字，注意表和分栏的名称；分析原因或影响时要看时间，并联系所学知识进行分析。

混合型材料题解题的关键：注意提取信息、加工整理。把材料中的所有相关信息都找出来，进行筛选，剔除不需要和重复的信息，再根据所学知识，进行归纳整理，列好提纲，准备答题。表达要尽量用自己的语言表述，语言流畅，一气呵成，切中要害，切忌言之无物、涂涂改改、答非所问、啰啰唆唆。

提分秘籍　大题不可怕，应对有窍门

图表题、材料题这样的大题，在历年高考中，几乎是"年年考，年年有"。掌握了这些题目的正确解法，就等于将很可观的分数握在了手中。那么针对这些大题，有哪些行之有效的做题方法呢？

1. 注意提取信息、加工整理。考生要对试题提供的信息进行细致的分析，找出关键点。

2. 根据所学知识进行分析、判断、归纳、整理、表述，回答问题。

3. 答题时，语言要流畅，答到点子上，切忌言之无物、涂涂改改、答非所问。

08

英语要想得高分，掌握方法是关键

对于高三学生而言，最重要的是在老师的指导下尽快调整心态，摒弃不良的学习习惯和方法，在学习中兼顾系统演练和查漏补缺。你可以将英语学习分为听力、单选、完形填空、阅读、写作等几大板块，那么针对这几个板块，应该如何做题呢？

一、听力。要练好听力，考生最好每天睡前精听一套真题，题目要包括常考的经典对话场景，将听不懂的地方与原文进行比对，看看是因为什么听不懂，是因为发音（吞音、连音），还是因为词义搭配不明白（包括一词多义），还是因为单词不会。分析之后再有针对性地进行准备，加强弱项练习。

二、单选。单选题主要考查学生所学的各类性质的词汇是否有知识漏洞。很多学生单选题能做对的还不到一半，严重拉低了自己的分数。考生最好每天做一套单选题，注意总结规律。

1. 注意试题中的时间因素，把握不同时间内的动作、状态的联系。此类试题涉及时态、非谓语动词、情态动词、虚拟语气等考点，考生应充分审题，准确把握时间关系。例如下面这道题：

I wonder why Jenny _____ us recently. We should have heard from her by now.

A. hasn't written   B. doesn't write

C. won't write   D. hadn't written

【答案】A。

【解析】副词 "recently"（最近）常和现在完成时连用，本题还通过时间状语 " by now"（现在）进一步确认和限定了时间关系。

2. 注意语境中的暗示性因素，把握题目的真实意图。英语中有些表达形式往往使人不得要领，考生需要把握题干的本质，才能正确解题。例如 "He was always asking me for money（他经常向我借钱）"。在英语中，诸如 "be always"（总是）、"constantly doing"（经常这样做）等词，常常带有非常强烈的厌烦或者赞赏的语气。

3. 注意题目语境中的文化背景。近几年高考英语越来越注重英语的实用性，涉及交际的题目明显增加。这类题目的英语文化特征十分明显，如果不了解英语国家的文化，仅仅凭所学的语法知识是无法做出正确判断的。例如下题。

— What about having a drink?

— _____.

A. Good idea   B. Help yourself

C. Go ahead, please D. Me, too

【答案】A。

【解析】该题语境是熟人相见，邀请对方去喝一杯，对方同意。部分学生误选 C 项，是因为忽视了 C 项是请求对方允许自己去干某事时，对方允许的答语。

4. 注意句子结构，把握英语的句式特点。从这几年高考试题中我们可以发现，并列结构、形式主（宾）语结构、祈使句结构、形容词比较结构、非谓语动词作状语、定语从句、倒装句等是常见考点。高考命题人经常通过改变句子的结构，来增加题目的难度。例如下面这道题目：

Is this factory _____ you visited last friday?

A. which   B. where   C. the one   D. there

【答案】C。

【解析】分析这个句子可以知道，主语是"this factory"，"is"是连系动词，空白处缺少的是表语，所以 C 项是正确答案，"the one"后面省略了关系代词"which"或"that"。

单选题多角度、全方位综合考查了考生对知识点的掌握，涉及词汇、语法、文化等多个方面。总而言之，考生要想做好单选题，平时的训练中要多多加强自己的考点意识、分析意识、语境意识和选项之间的比较意识等。

三、完形填空。完形填空考查的是考生根据上下文进行推理的能力。接下来通过下面这道试题展开分析。

【2009年北京高考英语】James's New Bicycle

James shook his money box again. Nothing! He carefully __36__ the coins that lay on the bed. $24.52 was all that he had. The bicycle he wanted was at least $90! __37__ on earth was he going to get the __38__ of the money?

He knew that his friends all had bicycles. It was __39__ to hang around with people when you were the only one without wheels. He thought about what he could do. There was no __40__ asking his parents，for he knew they had no money to __41__.

There was only one way to get money，and that was to __42__ it.

He would have to find a job. __43__ who would hire him and what could he do? He decided to ask Mr. Clay for advice, who usually had __44__ on most things.

"Well, you can start right here, " said Mr. Clay. "My windows need cleaning and my car needs washing."

That was the __45__ of James's odd-job (零工) business. For three months he worked every day after finishing his homework. He was amazed by the __46__ of jobs that people found for him to do. He took dogs and babies for walks, cleared out cupboards, and mended books. He lost count of the __47__ of cars he washed and windows he cleaned, but the __48__ increased and he knew that he would soon have __49__ for the bicycle he longed for.

The day __50__ came when James counted his money and found $94.32. He __51__ no time and went down to the shop to pick up the bicycle he wanted. He rode __52__ home, looking forward to showing his new bicycle to his friends. It had been hard __53__ for the money, but James knew that he valued his bicycle far more __54__ he had bought it with his own money. He had __55__ what he thought was impossible, and that was worth even more than the bicycle.

36. A. cleaned   B. covered   C. counted   D. checked

37. A. How   B. Why   C. Who   D. What

38. A. amount   B. part   C. sum   D. rest

39. A. brave   B. hard   C. smart   D. unfair

40. A. point   B. reason   C. result   D. right

41. A. split   B. spend   C. spare   D. save

42. A. borrow   B. earn   C. raise   D. collect

43. A. Or   B. So   C. For   D. But

44. A. decisions   B. experience

     C. opinions   D. knowledge

45. A. beginning   B. introduction

     C. requirement   D. opening

46. A. similarity   B. quality   C. suitability   D. variety

47. A. brand   B. number   C. size   D. type

48. A. effort   B. pressure   C. money   D. trouble

49. A. all   B. enough   C. much   D. some

50. A. finally   B. instantly   C. normally   D. regularly

51. A. gave   B. left   C. took   D. wasted

52. A. patiently   B. proudly   C. silently   D. tiredly

53. A. applying   B. asking   C. looking   D. working

54. A. since   B. if   C. than   D. though

55. A. deserved   B. benefited C. achieved   D. learned

【答案】36~40 CADBA；41~45 CBDCA；46~50 DBCBA；51~55 DBDAC。

完形填空是英语中比较能拿分的题目，考生最好每天花15~20分钟做一套。做题时有几个技巧是需要记住的，比如：

1. 替代。名词/代词用"什么"替代，动词/连词/介词用"怎么"替代，形容词/副词用"怎样的"替代。例如第36题缺少一个谓语动词，而第38题"of"前面就应该有个形容词来规定范围。

2. 断句。根据上下文逻辑，把句子的核心结构和背景断开，找出对应关系，推测出最贴切的意思。例如"James shook his money box again. Nothing! He carefully ___36___ the coins that lay on the bed. $24.52 was all that he had. The bicycle he wanted was at least $90! ___37___ on earth was he going to get the ___38___ of the money?"

这一段大意是：James检查了他存钱罐里的钱，发现不够买自行车，很烦恼。硬币散落在床上，具体数值也给出了，所以肯定是数过了，所以第36题选C项。

3. 适配。就是从选项中找出最接近所缺意思的词汇。考生遇到困惑时，可以尝试从以下角度进行区分：积极/消极、褒义/贬义、想法/说法/做法、精神/物质、主观/客观、具体/抽象、总括/分支；过程/结果、及物/不及物、主动/被动等。此外，考生平时应注意积累多义词，如"stand"有"站立、耸立、位居、把……立起来、承受"等多重意思。

四、阅读。高考英语阅读理解题主要考查考生的六种能力：1.归纳主旨的能力；2.获取信息的能力；3.猜测生词的能力；4.推断隐含意思的能力；5.掌握结构的能力；6.理解观点的能力。

考生最好每天花35~40分钟做一组（五道）阅读题。

1. 掌握正确的阅读方法。西方人写作习惯开宗明义，所以文章开头的主旨段至关重要，但作者也可能会先把某种现象或别人的观点摆出来，再用转折词引出自己的观点。如果看完主旨段还不清楚作者的意图，可再把每段第一句及文章末尾那段看看。

2. 答题时审清题干关键词。在文中检索到对应的关键词，结合前后进行精读，最后与题支的关键词对应上，标准答案一定是关键词的同义词。

五、写作。高考英语作文考查的重点是考生应用不同文体、词汇及语法知识清楚连贯地表达事实、观点和态度的能力。考生最好能每天熟读一篇范文，弄清上下文的逻辑关系，学习词汇的搭配运用。平常要注意积累与高考命题价值取向相吻合的精彩的搭配和句子，最好坚持每周写两篇作文。同时有几个小窍门分享一下：考生可以选择公认为nice（漂亮）的范文，多留意范文的开头与结尾，将里面的句子灵活借鉴到自己的作文中；用短句，不要用长句；多用高级词汇，避免误用；字迹要清晰、工整，不要来回涂改，最好打草稿；各种类型的文章最好能背一两篇范文。

提分秘籍　会做题比多做题更重要

　　英语高考试卷分为听力、单选、完形填空、阅读、写作几大板块。针对不同的板块，考生要有不同的做题方法，这样高考时才能得高分。

　　1. 听力。每天精听一套题，找出知识漏洞，进行强化训练。

　　2. 单选题。每天做一套单选题，注意总结规律。

　　3. 完形填空。每天花15~20分钟做一套题，掌握做题技巧，例如替代、断句和适配等。

　　4. 阅读。每天花35~40分钟做一组（五道）阅读题，掌握正确的阅读方法，答题时审清题干关键词。

　　5. 写作。熟读范文，积累精彩的搭配和句子，坚持每周写两篇作文。

09

高考满分作文必杀技

高考语文作文是重头戏，是一块很难啃的骨头，尽管学了三年，但当真正拿到高考作文题目的时候，很多同学还是一脸茫然，不知道应该怎么去写。

其实作文很简单，只要掌握"十六字诀，即"稳字当头，避俗创新，发挥优势，展示个性"。

一、稳字当头。就是稳扎稳打、稳中求胜。考生心态要沉稳，相信自己有能力完成这篇作文。

绝大部分同学，包括自认为写作水平很高的同学，最保险的写作方式是写中规中矩的"保险文"。别以为中规中矩得不了高分，这几年的优秀作文，相当一部分都是中规中矩的。

比如《磨合》，这个题目的作文该怎么去写？

比如说磨合带来适应，适应带来和谐；比如说我们要在适当的时机寻找合适的对象，然后磨合；比如同学之间、同学和老师之间、同学和父母之间，都需要经历一个磨合的过程。以上几种立意都中规中矩，但都抓住了题目的主旨。

二、**避俗创新**。写作时要避开一些习惯性的常规思维，避开套话、老话，避开学生腔，避开老八股等陈词滥调。作文的立意要有所创新，但是必须能站得住脚，提出来的论点必须有令人信服的论据。

一位姑娘只有靓丽的外表还不行，还要有一颗美好的心灵，这样才能内外兼修，超凡脱俗。同样，一篇高考作文要有好的语言和结构，还要有一个好的主题，这样才能吸引阅卷老师。好的主题应健康向上，新颖别致。

例如"谈'哭'"这个题目，一般同学写哭是脆弱的表现，意志坚强的人与哭无缘。但有个同学提出了与众不同的观点："该哭的时候要大哭，因为哭是感情的流露，无情未必真豪杰，自己的亲人死了能不哭吗？因为在这种哭的后面，除了伤心之外，还有一个深深的'爱'字。"

这篇作文立意出众，避俗创新，又饱含感情，令阅卷老师眼前一亮。

三、**发挥优势**。发挥优势首先要扬长避短，写议论文、记叙文还是应用文呢？这就要看你自己比较擅长写哪种文体了。其次是发挥材料的优势。你对某一方面的材料很熟悉，这就是你的优势。

有一年的高考作文题目是"转折"，有一个同学得到了满分，他的作文内容和诗人海子有关。据了解，这个同学酷爱诗歌，他从上高中起每逢作文必写海子，他对海子的生平、事迹、诗歌，甚至生活细节都很了解，这就是他的优势。

再说的远一点，2006年北京市高考语文作文的题目是"北京的符号"。有个同学把和北京有关联的许多名人来了一个排比论述，鲁迅、高君宇、石评梅、梁思成、林徽因、金岳霖、朱自清、史铁生等，有文学家，有建筑师，有教授，有学者，可见这个学生这方面的材料储备很扎实，他写这篇作文的时候就发挥了自己的优势。

四、展示个性。 在写作文时，千万不要忘了"我"，只有把自己融入作文中，才能做到有感而发，才能写出来真情实感。千万不要装腔作势，不要照搬，不要抄写，不要虚构，要写出你的见解、体会、所见所闻，这样就是一篇好作文。

有些同学故作深沉，写出的作文像《人民日报》的社论，说的都是官话，没有个人风格与特色，怎么能打动阅卷老师？同样是作家，王朔充满市井气息，余秋雨有书卷气，易中天充满幽默感，这就是不同作家的不同风格。

要想在作文中彰显个人色彩，作文必须有文采，用词要有针对性，能体现个人的性格色彩，是自己独立的思考才行。例如下面这道高考试题：

【2009年山东高考语文】 阅读下面的文字，根据要求作文。

见证是一种经历，也是人生、社会记忆的凝聚。在生命历程中，我们见证了人生的悲喜、社会的变迁；在历史长河中，许多人或事物又成为历史的见证。

请以"见证"为题，写一篇不少于800字的文章。

要求：①自选角度。②自定立意。③除诗歌外，文体不限。④文体特征鲜明。

这个题目可以这样理解，"见"，看见或经历；"证"，证明。如果抛开要求，这个题目写成记叙文或议论文都是较好的选择。如果写成记叙文，重点在"见"，"证"只是作为文章的画龙点睛之笔；如果写成议论文，重点在"证"，论述证明，"见"只作为材料或论据的一部分。因此，高考要求"文体特征鲜明"就表现在这里。

如果对题目的理解还是不透彻，可以再认真阅读材料，材料中的表述十分清楚，既解释了什么是"见证"，又指出写作的范围。这段材料共两句话，第一句解释"见证"这个词的含义，明确指出"见证"既可指个人的经历，也可是社会人生历史的经历。第二句给我们指明了写作的范围，我们既可写现实人生，也可追溯历史人物或事件。可大可小，可远可近，可古可今，可实可虚。

也就是说，考生既可关注现实，又可回顾历史，但一定要写清见证了什么，开口要小，越具体越好。例如，我们见证母爱、洪水、地震，见证多难兴邦；再如老榆树见证我成长，门前的路见证社会的发展……见证者可以是人，也可以是物。

提分秘籍 语文高分作文"十六字诀"

高考作文有60分，占语文总分的比例非常高，语文得高分的前提是作文一定要写得漂亮。其实，只要掌握了高分作文的"十六字诀"，作文得高分一点儿都不难。

稳字当头，避俗创新，发挥优势，展示个性。

贰 学习方法篇

第五章　把每一次测试当高考

很多学生由于受高考一试定终身的负面影响，并不怎么重视平时的考试和自我测试。实际上，每一次考试都是练兵的绝好机会，都能暴露学习中存在的问题，有利于在后续复习中进行针对性的查漏补缺，总结经验教训，以便在高考中不犯错误或少犯错误，所以高中生一定要重视平时的每一次测试。

01

分析试卷比考试成绩更重要

精华学校2011届校友徐麟周2011年以661分的成绩考入北京大学，他说好成绩是练出来的："通过考试，我们可以清楚地看出自己学习中的问题、知识上的漏洞，及时地找出并改正错误，补上不足，何乐而不为呢？我们为何怕考试呢？"

高中阶段，各种练习题堆积如山，各种考试应接不暇，月考、期中考试、期末考试、模拟考试等接踵而来。考生只有平时把考试与练习相结合，才会有更好的效果！

把平时的每一次考试都当作高考，弄清每一个知识点，不留遗漏，提高备考覆盖率。这样锻炼下去，当面对大型考试时，答题能力和心理素质都会得到极大的提升。

有些学生每考一次，就有一点儿进步，而有些学生，只是为了考试而考试，考完拿到一个分数，除此之外，没有任何收获。两相对比，他们之间的差距源自他们对待考试的态度和方法的不同。

考生要想取得好的考试效果，分析试卷是关键。一些有心的同学每次考试后都会认真地做好试卷分析。那么，做好试卷分析需要注意哪些方面呢?

一、**抓错题，并分析导致错误的原因。**考生做错题的原因有很多，一类是由知识点漏洞造成的错误。面对这种情况，考生以后练习时就要在弥补知识点漏洞上多下功夫，将所缺知识点完善起来。一类是由做题方法不对造成的错误，这个问题考生要找老师解决，并做相应类型的训练。一类是粗心马虎造成的错误，此类错误不可轻视，比如计算错误，你在考试中就尽量笔算，避免口算，题目做完后要留出时间检查。一类是书写潦草导致的错误，这就要求考生养成良好的书写习惯，首先要字迹整齐，其次要符合逻辑，会做就要拿满分，这在高考中非常重要。

试卷分析不仅仅是改正错题，还要从中发现自己的优势和不足，然后有的放矢地进行练习。

二、**立足整体，进行全卷分析。**从全局出发，对试题的难易程度进行评价，分析得分和失分分别发生在什么地方，以后考试应该注意些什么，做好心理建设等。总之，每一次考试，考生都要以科学态度对待，不管成绩高与低，都要认真分析，从每次考试中提高自己，在自我分析中完善自己的应考能力，达到不断进步的目的。

下面我们就结合2013年的一道高考试题进行分析:

【2013年北京高考文综】读下图，回答下列问题。

（1）简述新西兰对外联系的交通运输方式及原因。（8分）

（2）分析南岛降水量西多东少的原因。（8分）

（3）与南岛相比，说出北岛经济发展的地理条件优势。（12分）

（4）新西兰多火山地震，分析其成因，并概述火山旅游活动的主要内容。（8分）

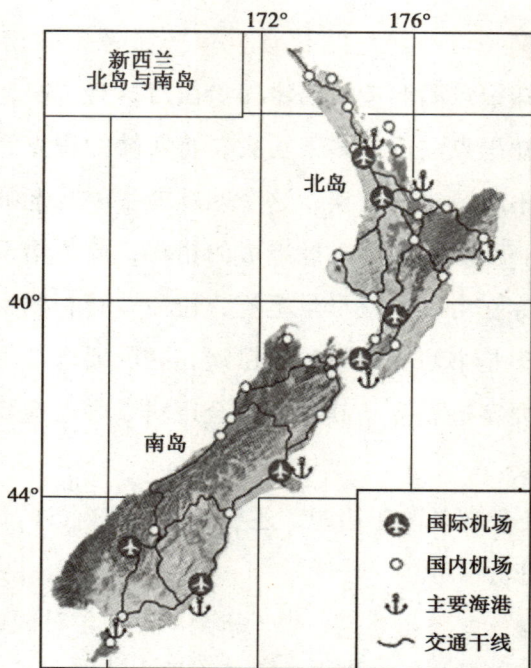

新西兰
北岛与南岛

172°　176°

北岛

40°

南岛

44°

✈	国际机场
○	国内机场
⚓	主要海港
⌒	交通干线

【答案】 （1）水路运输、航空运输。这是因为新西兰是岛国，经济又比较发达，所以多选择水路运输和航空运输。

（2）地处西风带，西侧为迎风坡降水量多，东侧为背风坡降水量少。

（3）纬度较低，热量条件较好；地势较平坦，平原面积较大；机场密度较大、数量多，路网密度较高；靠近首都，城市密度较大，数量较多。

（4）新西兰位于环太平洋火山地震带和板块构造边缘地带，地壳运动活跃，内力作用强烈。火山旅游活动的主要内容包括观赏火山地貌等景观、利用温泉等地热资源度假疗养等。

【解析】对2013年北京高考文综地理进行整体解读，可以发现两个命题的趋势：

1. **知识覆盖面广，凸显学科主干。** 与往年相比，2013年对地理主干知识的考查更为全面，如自然地理部分的地球运动（昼夜长短的时空分布规律）；大气（大气受热过程、气候、天气）；内、外力作用与地貌；河流水文（水系）特征；自然带（差异性中的垂直地带性）；自然环境对人类活动的影响（地形等对城镇分布的影响）；自然灾害（火山、地震等地质灾害）；人文地理部分的人口（迁移）；城市（区位）；工、农业（区位）；产业转移；交通（方式与区位）；旅游（资源），环境问题（雾霾）与防治；区域地理部分的中国政区、地形、河流等。

2. **突出图像考查，注重原理分析。** 与2012年试卷相比，图像增加了两幅，突出地理学科图文并茂的特色；同时，更加注重对地理原理的考查，如大气受热过程、锋面气旋、喀斯特地貌与地质剖面图、气候（降水）成因、地震成因等、气候非地带性或垂直地带性成因等。

3. **以热点区域为载体，重视能力考查。** 2013年高考很好地延续了新课标高考重视能力考查的方向，尤其是读图、审题（提取和解读地理信息）能力的考查，如单选的1、2题，6、7题，8、9题，综合题的36题的第（1）（3）问，41题第（1）问等。

根据上述分析，备战2014年高考的同学在复习地理时，需要在几个方面多下功夫：

1. 夯实地理主干知识，注重地理原理分析，理解记忆；

2. 关注热点区域，注意以区域为载体，重视实践应用；

3. 重视提取和解读地理信息能力的培养，多多研磨高考真题，深入理解高考方向；

4. 注意平时的错题、好题整理，重视积累。

每一次考试都是一次自我测试，考生不要只看分数，而要认真审查错题，检查知识漏洞，进行针对性的练习，同时总结规律，分析命题规律，培养严谨的答题作风。这样的考试才是有意义的，才能取得应有的效果。

提分秘籍 要想考得好，分析试卷是关键

考生要想取得好的考试效果，分析试卷是关键。那么分析试卷应该从哪些地方着手呢？

1. 抓错题，并分析导致错误的原因。这样考生以后练习时就能在弥补知识点漏洞上多下功夫，将所缺知识点完善起来。

2. 立足整体，进行全卷分析。考试结束后，应立足整体，对题目的难易程度进行评估，分析得分和丢分都发生在什么地方，这样以后考试时需要注意什么，就心中有数了。

02

克服"短板"，成绩提高一大截儿

高三学习任务繁重，各科老师更是各显神通，每天分发大量试卷来测试。学生很难应对得过来，搞得手忙脚乱，学习中很容易顾此失彼，各科不能做到均衡发展，学习便很难达到最佳状态，甚至直接影响高考的成绩。

我们所熟知的"木桶理论"：一只木桶盛水的多少，并不取决于桶壁上最高的那块木块，而恰恰取决于桶壁上最短的那块木板。各学科中有一科成绩不好，就必然影响你的整体成绩，所以各个科目必须均衡发展。

在学习的不同阶段，考生要适时进行测试，找出自己的学科"短板"，然后再对各科学习时间进行规划和安排，一定要根据自己各学科的具体情况进行，不让"短板"拖后腿，但千万不能为了扭转某一科而放弃另一科。

考生要树立信心，克服对弱势学科长久以来的恐惧，摒弃对这科的厌恶心理，尽最大努力激发对它的兴趣。考生还要以科学的方法查漏补缺，制订有针对性的补习计划。只要掌握了正确的方法，弱势学科就可以很快取得突破。

一、要打好基础。例如英语这门学科懒人是学不好的，要大量地听说读写译。懒人不肯在这些基础知识上花工夫，学习如同搭建一座"空中楼阁"，基础不牢固，取得好成绩就成了无稽之谈。

二、注意方法，偏科一定要补。你英语能学好，但数学不好，说明你不笨，只是说明你还没有找到数学的学习方法。和英语这门语言相比，数学强调的是逻辑思维能力。文科生数学好，就占便宜。理科生英语好，就占便宜。为什么？因为文科生一般数学不好，理科生一般英语不好。只要你看准这一点，你就成功了。高二要分文理科，学生进入高中就要逐步确定自己选文科还是理科，至少应该有一个大致的方向。也就是说，考生从高一起就要树立高考意识。

三、投入时间。语数外各科150分，总分为450分，数学和英语一旦成了你的"短板"，就需要投入大量时间来补习。此外，考生平时也要注意语文的学习，花时间阅读，这样考试时，在语文的阅读和作文上就不会丢分。

通过测试找出自己学习上的"短板"，进行有针对性的练习，优势学科要继续保持，弱势要补上去，最后高考时，高分就水到渠成了。

提分秘籍 别栽在你的"短板"上

考生要想考上重点大学，是不能有"短板"的。那么弱势学科该怎么弥补呢？

1. 要打好基础。考生应该多花时间学习课本，掌握基础知识点。

2. 偏科要补，但要讲究方法。不同学科有不同的学习方法，考生补习的时候一定要因"科"制宜，否则就会做无用功。

3. 时间是成绩的保证。面对弱势学科，考生需要投入比其他学科更多的时间来补习，平时也要加强积累，这样才能迎头赶上，将弱势转化为优势。

03

积累的错题多了，犯的错误就少了

　　一些学生每次考试结束以后，算算分数有没有扣错后就把试卷收起来，这样的做法是不对的。正确的做法是好好分析自己做错的题目，是知识点没有掌握好，粗心算错，还是方法思路有问题，把错误的原因和正确的解法都总结到错题本上，这才是每次考试的价值所在。学生一定要通过考试，用试卷来甄别薄弱环节，找出难题与错题。

　　考生复习的时候再认真看一看这些错题，与之相关的知识点就能熟练掌握，最后印象最深的肯定是自己做错过的题目。这样在复习备考时就不会迷失方向，眉毛胡子一把抓，复习效率会大为提高。

　　错题本最重要的功能就是能够帮助学生发现自己的薄弱环节，抓住薄弱环节就抓住了复习重点，在高考前着重针对错题本上的题目查漏补缺，是非常好的方法。

　　例如下面这道试题：

　　【2011年北京高考语文】下列词语中，加点字的字形和读音全都正确的一项是（　　　　）。

　　A. 活性炭　韬光养晦　冗（rǒng）长　恪（kè）尽职守

B. 谐奏曲　咄咄逼人　怆（chuàng）然　怙恶不悛（qǔn）

C. 威慑力　暇不掩瑜　攫（jué）取　唾（chuí）手可得

D. 笑咪咪　按图索骥　荒谬（niù）　返璞（pú）归真

【答案】A。

【解析】B项"谐奏曲"应为"协奏曲"，"怙恶不悛"中"悛"的读音应为"quān"；C项"暇不掩瑜"应为"瑕不掩瑜"，"唾手可得"中"唾"的读音应为"tuò"；D项"笑咪咪"应为"笑眯眯"，"荒谬"中"谬"的读音应为"miù"。考生只需要找出选项中一处某一方面的错误即可将错项排除。如果一次做错了，把它记到错题本上，相信下次就不会做错了。

再如下面这道历史题：

周武王伐纣灭商成功的基础是（　　　）。

A. 纣的暴政引起人民反抗　　　　B. 牧野之战奴隶倒戈

C. 文王整顿政治与军事，使国力增强　　D. 商兵力不足

【答案】C。

【解析】周武王灭商成功的基础是"文王整顿政治与军事，使国力增强"，这是没有错的。而"纣的暴政引起人民反抗"是引起周武王及他父亲反抗商朝的原因。B项和D项是周武王伐纣成功的因素，但不是成功的基础原因。

在学习刚刚开始的阶段，建立错题本的确需要花一些精力。随着学习的深入，它的好处是十分明显的。在离高考越来越近的时候，在别人都在汪洋题海中苦苦挣扎、看不到天日时，你一本在手、悠然自得，你的感受就会越深。学习中出现错误不可怕，可怕的是一而再再而三地犯同一个错误，这样的学习就很难有高效率。

这里有个问题需要注意：

如果钻研一道难题，一直找不着思路，为了提高学习效率，就别再钻牛角尖了，可以停下来看看答案和相关提示，一旦看明白了，自己再把它独立地做一遍。或者请教同学，人家一点拨，你只要找着思路，就别让他讲了，你应该回去接着那个思路，进行认真的独立思考。这样的学习才是非常有帮助的，通过这个题目的铺垫，你的学习就会悄悄地上一个台阶。但是有些题目，你看着非常陌生，甚至连答案都看不懂，这说明这些问题太难了，应该敢于放弃。

我们再来看下面几道易错的高考题目，看看自己平时学习对知识点的掌握是否全面牢固。

1. **【2013年江苏高考文综】** 某学者评唐朝三省制时指出："凡未加盖'中书门下之印，未经政事堂议决副署'，而由皇帝直接发出的命令，在当时是被认为违制的，不能为下属机关所承认。"这里所谓"违制"的论断，主要指皇帝背离了（　　　）。

A. 诏令须由政事堂议决的制度

B. 门下省执掌诏令草拟的职能

C. 中书省监察地方政务的惯例

D. 尚书省负责执行诏令的定制

【答案】 A。

【解析】 从题干中提到的"中书门下之印，未经政事堂议决副署"，可知唐代三省运作虽服从君主专制的前提，但基本上仍以政事堂决议为主。B、D两项符合史实但与材料无关，C项不符合唐代史实。

2. **【2013年北京高考文综】** 下表是2011年北京市部分经济指标的年度增长率。

财政收入	财政支出	社会保障和就业支出	城镇单位在岗职工平均工资	个人所得税
14.4%	12.5%	28.6%	15.5%	26.7%

根据表中数据可以推出2011年北京市（　　　　）。

A. 财政收入高于财政支出，出现财政盈余

B. 个人所得税收入占财政收入的比重上升

C. 社会保障和就业支出增速过快抑制了财政收入增长

D. 城镇单位在岗职工平均工资增长抑制了个人所得税增长

【答案】B。

【解析】本题是学生易错的政治考题，要求学生对不同的经济概念和它们之间的关系要有准确的认知。

3.【2012年北京高考文综】下图漫画中人的困境启示我们，实现人生目标要（　　　　）。

A. 有坚定的理想信念

B. 以客观条件为基础

C. 百折不挠反复实践

D. 努力发展自身才能

每个人心中都有个高点
未来回回许多次
却发现站上高台是多么困难

【答案】B。

【解析】本题是政治题目中典型的漫画题，常见于经济和哲学考题，考查学生对漫画的理解能力及知识运用能力。

考生通过不断地测试，将错题和难题集结成册，做成一本自己专属的错题本，然后通过总结归类，慢慢积累。错题本由薄变厚，慢慢地，你出错的次数越来越少，你的错题本也变得越来越薄，如此循环往复，你的成绩一定会得到提升的。

哪道题做错了，说明你相关的知识点还没有掌握，学习中的薄弱环节就暴露出来了。考生将每次考试的错题积累起来，复习时就能抓住重点，针对错题本上面的题目查漏补缺，进行强化训练，巩固知识点。长此以往，错题本厚了，但是你做错的题目越来越少了。

04

考试总结，把丢掉的分数找回来

我们都知道测试很重要，测试后的总结更重要，那么到底怎么总结，才是真正正确、有效的呢？

一、这次考试是否达到了你的预期？ 考试成绩是不是你这段时间学习状况的真实反映？名次、成绩是上升还是下滑了？如果上升，是因为题目适合你，还是同水平的同学出现了失误，还是自己的水平真的上升了？如果下滑，问题又出在哪里？

二、关注错题。 拿到卷子后，首先对错题进行分析，把相关的知识点和整个知识体系梳理清楚，否则你只是会做这一道题而已，下次类似的题变一变形，你可能又要做错了。例如英语错了一道考查冠词的单选题，那你是不是对冠词这部分知识就没掌握好？物理一道大题的受力分析做错了，好好想想你对受力分析这部分知识的掌握是不是一直就存在问题。如果答案是肯定的话，为什么不以这次考试为契机，把这部分知识漏洞赶紧补上？如果又是应付了事，下次一定还会出问题。

总结后，你千万不要忘了做一项工作：把这次考试的错题总结到你的错题本上，以方便日后复习使用。

三、分析错题的同时，还要反思整个考试的过程。 这次考试你的策略是什么？整个考试过程中，有没有填错答题卡？或者犯一些很明显的低级失误？答题时间安排是否合理？有没有出现先紧后松或先松后紧的现象？考英语是否有时间看完整套阅读题？做听力题时是否因为纠结前面的内容而影响了听后面的内容？考数学时是否因为专注后面的某道很难的大题而没有检查，导致丢了一些不该丢的分？要问问自己有没有这些问题。如果有，你要想想怎么使自己记住这些教训。

通过以上的总结，自己就能明白，在以后的考试中，应该注意哪些问题，这都是你最宝贵的经验。

四、反思你的学习态度。 每个学生都有学好的愿望，成功与否关键看行动。很多人只是嘴上说说，其实心里都不相信自己能达成目标。如果你真的认定你现在的目标就是你必须达成的目标，你就能发挥出强大的潜力。

五、正确看待成绩。 学习的过程就是不断发现问题并解决问题的过程，考试是暴露问题的最佳方式。有问题不怕，立即采取措施加以改正，必然会带来成绩的提高，这次成绩不理想是下一次提高成绩的催化剂。不以成败论英雄，同样，也不要以一时分数的高低给自己下结论。

每次考试，你的同学中总有一批表现突出的，有些的确是因为方法得当才使学习成绩得到提高的，他们成功的经验对你很重要，应诚恳地向他们请教，学习他们行之有效的方法。

　　无论成功还是失败，考试后认真进行总结的意义一点儿都不亚于考试本身。那么考生应该怎么总结呢？

　　1. 首先是分析这次考试是否达到了你的预期，如果没有，问题出在哪里。

　　2. 关注错题。进行错题分析，看一看自己还有哪些知识漏洞，再进行针对性的练习。

　　3. 反思整个考试的过程。从考试策略到答题过程，看一看自己是不是犯了不该犯的错。

　　4. 反思自己的学习态度。你是否真的为了这次考试尽了最大努力？

　　5. 正确看待成绩。成绩好，可以激励自己继续前进；成绩不好，则可以让自己发现问题，再接再厉。要把眼光放远，辩证地看待考试成绩。

叁 考试技巧篇

第六章　打好冲刺这场攻坚战

　　冲刺是决胜高考的关键战役。考生只要掌握了正确的学习方法，即使原来成绩比较差，也能成为高考成功的黑马，考上重点大学也不成问题。如果方法不对，则会浪费黄金般宝贵的冲刺时间，最终导致高考败北，多年的努力付诸东流。

01

高考冲刺四大黄金定律

高考是一种区分型的考试，不可能指望所有的同学都考得多么好，因此考生要结合自己一贯的情况订出一个明确的目标。对于基础好的同学，不用过多地纠缠简单题，而应把主要精力放在中等难度题和难题上；对基础不是很好的同学，应在充分练习简单题和中等难度题的基础上，试着攻克难题，如果连中等难度的题都感到困难，那就应该从解决简单题入手，逐步过渡到中等难度的题目，大胆地放弃难题。所谓"放弃"，就是平常基本不做难题，考试时也不过多地纠缠于难题，能做多少算多少。

为什么这么说呢？

第一，紧抓120分基础分。 高考中的难题只占约30分，基础题有120分之多，好好地把握住这120分，争取提高做题的正确率，若各科都考到110分以上，高考成功就有了相当的把握。

第二，解题速度是关键。 高考不但考查考生的解题能力，而且考查考生的解题速度。高考各科题量相当大，如果你过多地纠缠于难题，这也丢不了，那也放不下，结果必然是既浪费了复习时间，又浪费了考试时间，得不偿失。

第三，提高做题正确率。高考的时间非常紧张，因此，考生在提高做题速度的同时，必须在平时就注意提高做题的正确率，尽可能地留出10分钟左右的时间检查有希望的得分题。最后10分钟，你做出难题的希望已经不大了，所以也就没有必要纠缠下去了。

第四，做题一定要坚持实战模拟。拿到一套题，你就按照题量给自己规定要在多少时间内做完，然后把闹钟拿出来摆在面前，开始做，强迫自己在规定的时间内做完，中间不能喝水不能吃东西不能上厕所不能翻别的书，完全跟在考场一样。到了规定的时间，马上停笔，然后对照答案，给自己评个分，这才是你的真实水平。

刚开始的时候你肯定不适应，但是，为了迎接高考，就得变不适应为适应才行。当你经过一段时间的训练之后，养成了高效利用时间的习惯，做起题来自然又快又好，能够保证在平时做到什么水平，在考场上就能考到什么水平。

金超，精华学校2011届校友，2011年高考取得了691分的高分，成功考取了北京大学。针对考前冲刺阶段，他曾说：

"离高考还有最后六天，很多同学开始心慌，觉得复习的内容还很多，不知从何下手。这时候，制订一个详细的冲刺计划非常必要。**冲刺计划是高效率利用时间的保障，计划要能够与此时的学习状况相协调。**复习时间不多了，这个阶段不需要每天把所有科目都复习到，一天复习2~3科就行。复习时要突出重难点，特别是自己最薄弱的环节，要合理分配复习时间。

"按照这个计划，要看书和练题相结合。对于考文综的考生来讲，看课本复习时不要单纯背书，要带着自己的思维逻辑去看。比如政治，边背边回忆每一章节的内容，已经忘记的多看几遍，看完后再合上书本回忆一遍。历史则需要点点滴滴积累，记住一些重大的历史事件，并且把相关内容串联起来交叉复习。

"除了背书，最好把近年的高考题拿出来模拟练习，从中摸索出规律，了解高考的题型和内容，此外，还需要重视自己的错题本。在练习错题时，如果是以往自己根本不会做的题型，要弄清解题思路，针对这种题型多做练习；如果是因为粗心出错，就要看清题目，计算的时候最好多算几遍。

"做练习题时，如果突然发现自己不记得某个知识点了，就赶紧翻书把这个地方再看一次，加深印象。考试的时候一定不要紧张，拿到试卷后，要认真看题目，做题的时候要仔细，掌握好考试时间。如果能把粗心的错误杜绝掉，那么在高考中一定会取得好成绩。"

从金超的备考经验中，我们可以总结出以下几个要点：第一，合理利用备考时间，制订计划非常重要；第二，一定要坚持实战模拟，看书和练习相结合；第三，认真做题，把握好考试时间。

每个人的学习条件、层次、兴趣、目的及生活习惯诸方面都有差异，希望大家能够借鉴优秀学生提供的经验，结合自己的情况做努力，向心中的目标迈进！

提分秘籍 掌握黄金定律，冲刺能见奇效

　　为什么有的同学几次模拟考试都成绩平平，却能在高考时一鸣惊人，高分上榜？除了考场上发挥得好之外，他们在考前冲刺时还掌握了有效的方法，从而收到了奇效。那么，临近高考，考生应该如何冲刺呢？

　　1. 紧抓120分基础分。

　　2. 提高解题速度。

　　3. 提高做题正确率。

　　4. 坚持实战模拟。

02

心态决定状态，状态决定成败

很多人在平时做题的时候不讲究效率，做一道题跑出去吃个苹果喝杯水，然后再回来磨磨蹭蹭做下一道题，折腾两个小时才把本来一个小时就可以完成的题目做完。所以有人老是抱怨自己一天到晚都在学习，可是成绩总不见提高。

离高考越近，有些考生越紧张，认为自己没学懂的知识很多，十分焦虑，导致复习时不知所措，一片慌乱。

不少考生在备考阶段习惯"开夜车"，俗语说，过犹不及，考前既要保持适度的紧张状态，以保证考前的正常复习和考场上的正常发挥，又要按照考试时间来调整自己的作息时间。高考时间是上午9点至11点半，下午3点至5点，而不少人在这段时间内大脑活动处于低谷。不少考生反映明明在家做模拟题时思维敏捷，答题准确率高，在考场上却因缺少兴奋点而昏昏欲睡，出现所谓的"晕考场"。

很多高三学生问自己越学越没信心，进入恶性循环怎么办？这就是放松心态的问题，以轻松淡定的心态学习就好。越是临近高考，越是要镇静，相信自己，切忌乱了阵脚，按老师复习的步骤走，但也不能过于放松，适度的紧张有利于发挥自己最大的潜力。

不少同学总会说："老师讲课我都听不懂，怎么办？"我的回答是："你没听，怎么能听懂呢？老师都是在讲汉语，所有人都能听懂，为什么你没听懂？不是你笨，而是你在听课的过程中，负面情绪早已干扰了你听课的思维。听课不是单方面的接收，而是一个双方互动的过程，这个时候你不要被动地接收，而要随着老师的讲解不断思考和跟进。"

有些学生上课就记老师的板书，而忽略了最关键的思维互动。还是那句话，如果你不听，就算爱因斯坦、孔子、如来佛祖坐在你的面前给你讲课，你仍然听不懂。

很多学生觉得学习难得跟什么似的，其实是不懂得学习的规律。当你具有了足够的学习能力，就像一根钢钉一样，用锤子一敲就进去了。就像高尔基描述的那样："我扑在书上，就像饥饿的人扑在面包上一样。"反之，如果不具备这样的能力，你就像一根牙签，用锤子一敲，不折才怪。

良好的学习状态非常重要，必须把正确的方法应用到你的学习中去，并不断验证这个方法是有效的，才能逐渐把自己调整到最佳状态，越学越有信心。

"重基础，出活题，考能力"已成为目前高考命题的定势。针对这种情况，具体做法是抓好基础，注重练习，提升能力。

一、抓基础。一些同学的数学基础差，这不要紧，只要你按照基本的思路来做，一定会达到理想的效果。近年高考数学试题，基础题占70%以上，易、中、难的比例一般是5：3：2（部分省市是3：5：2），考生只要在复习时对每个章节的知识进行梳理，全面掌握基础知识，抓住大部分的分数就不是难题。

二、**重练习**。高考不出"怪题"，重在考查考生解题时是否能举一反三。因此考生在学习过程中，必须遵循数学规律，认真钻研考纲和说明，重视知识点的共性通法。考生要以数学思想为主导，寻求概念、理论之间的内在联系。

具体可以采取以下的方法：从题目的众多解法中分析选择通法，着眼于一般解题思路、一般解题方法，真正理解知识点的实质。这样能收到"做一题，学一法，会一类，通一片"的功效，从而以不变应万变，大幅提高你的复习质量。

例如：在复习函数奇偶性时着重抓了以下几点：抓住实质，用简短语言和数学符号来描述，梳理基本概念。

$f(-x)=f(x)\longleftrightarrow$偶函数；$f(-x)=-f(x)\longleftrightarrow$奇函数。注意：$x$和$-x$必须满足定义域且$f(x)$的定义域关于原点对称。$f(x)$是偶函数$\longleftrightarrow$其图像关于$y$轴对称；$f(x)$是奇函数$\longleftrightarrow$其图像关于原点对称。既奇又偶的函数存在，如$f(x)=0$。考生从定义、性质入手，归纳基本方法证明函数$f(x)$是奇（偶）函数，首先要验证它的定义域关于原点对称，然后证明$f(-x)=-f(x)$或$f(-x)=f(x)$。

三、**重能力**。如何在数学学习阶段提高你的数学能力应成为你学习时的"重头戏"，所以针对数学这门功课的特点，考生学习中要培养自己的如下能力，才能取得较好的学习效果：转化和化归的能力，数形结合的能力，分类讨论的能力，用函数与方程思想分析解决问题的能力，应用数学知识解决实际问题的能力，准确、快速的运算能力，逻辑思维能力，空间想象能力。

提分秘籍 心态好就是拿高分的利器

高考是一场没有硝烟但比任何战争都激烈的大战，是否有过硬的心理素质，决定了你在这场战役中是否能胜利。那么考生应如何调整考前心态呢？

1. 越是临近高考，越是要自信，相信一分耕耘一分收获。

2. 跟着老师的复习步骤走，切勿乱了阵脚。

3. 适当地放松，发挥自己的最大潜力。

4. 保持良好的学习状态，张弛有度。

03

模拟考试，通往高考的"三驾马车"

　　每年高考前，各个地区都要组织几次模拟考试。中国的高考可以说决定着每个考生的命运，因此模拟考试有着无可替代的作用。

　　模拟考试可以让考生提前适应高考的紧张节奏，因为模拟考试的时间安排、题目设置等都跟高考一样。通过几次模拟考试，考生基本可以把握自己在考场上做题的速度，合理分配做题的时间，在高考时不至于手忙脚乱，出现时间不够用的情况。

　　模拟考试还可以帮助考生增强心理适应能力，让考生提前感受高考，提前进行调适。模拟考试还能起到查漏补缺的作用。每年模拟考试的时候，书本上的知识都学完了，通过模拟考试正好可以摸清楚自己哪些知识点掌握了，哪些知识点没有掌握，还有哪些知识点是模棱两可的。然后做认真的总结，并列出下一阶段的复习计划。

　　如果模拟考试考得不好，考生情绪受影响是正常的。最关键的是要找到问题的症结并积极分析，尽快复习知识的弱项和遗漏点，这才是模拟考试最大的作用。

　　第一次模拟考试。高考前的第一次模拟考试的目的，是让考生及时发现薄弱环节，然后针对自己的情况对症下药，这样复习才能取得事半功倍的效果。

一模的成绩出来后，考生就应该根据自己的成绩，制订相应的复习计划。假如你的一模考试成绩不理想，可以好好分析一下自己失分的原因，譬如是不是基础不牢，还是因为没有复习完，还是解题技巧不够。知道了原因，在接下来的复习中可以找到症结，各个击破。

有位考生，一模后，对数学的总结是这样的：选择题和填空题错误率低，但最后两道难题做出来了，前面的中档题又出错了。解答题的问题主要出在解析几何上，要加强训练，同时平时做题时要注意精确完整，不要被扣七零八碎的分。

总结之后，她对症下药，抽出大量时间狠狠地攻了几天解析几何。高考的时候，她的数学成绩在语、数、英三科里分数最高，获得了137分，数学从高一、高二时候的弱科变成了最后的强科。

一模考完后，高考冲刺其实才真正开始。不管一模考试成绩是否理想，考生都要跟紧学校做好二轮的专题复习，另外，还要不断地提高自己的解题技巧和能力，要有意识地去训练。

第二次模拟考试。二模成绩才是你高考成绩最重要的转折点，因为一般这个时候，学生无论是知识储备还是解题能力都已经达到了参加高考应该具备的水平，这个时候的考试成绩很大程度上反映了学生的真实水平。虽然如此，二模之后仍然是非常关键的时期，查漏补缺和适应考题是这个时期考生最重要的任务。

第三次模拟考试。三模是高中阶段最后一次考前检验。虽然如此，大家也不要太在意模拟考试的成绩，因为你们是冲着高考去的，要着眼于高考。此时做题应该注重质量，举一反三，多去解答和研究高考真题，不用再进行大规模的练习。此外，这段时间一定要注意正常休息，注意效率，切勿急于求成。

如果把三次模拟考试做一下细化的话，那么一模偏向于摸底，二模偏向于检测，三模主要是帮助考生调整心态，适应高考。

把三次模拟考试的成绩综合起来，就可以看出考生高考的趋势，但绝不要把这个成绩和高考成绩完全画等号。无论考试的结果如何，考生都要及时调整好自己的心态。

三次模拟考试中，二模是一个转折点，在二模前考生应该合理安排自己的复习计划，做有效的准备。

提分秘籍 模拟考试，高考的预演

模拟考试对高三学生来讲，其重要性不言而喻，这三次考试就是高考的预演，对考生高考时的发挥产生着重要影响。那么针对这三次模拟考试，考生应该采取哪些不同的备考策略呢？

1. 一模。根据自己的成绩，制订相应的复习计划，做好第二轮专题复习。

2. 二模。查漏补缺和适应高考试题是这个时期的主要任务。

3. 三模。着眼于高考，减少做题量，多研究真题，注意做题质量，同时要多注意休息。

04

中等生、薄弱生的提分空间大

不少学生对如何"对症下药"感到迷茫，并不是很清楚在冲刺阶段如何使自己的成绩有一个飞跃。针对这个问题，我想说，优秀生、中等生和基础薄弱的学生的冲刺策略是不一样的。

一、优等生的冲刺策略。优等生在知识和能力方面应付高考基本上没有问题，但这部分学生一定要注意的是切忌在心态上出现问题。有些学生期望值太高，心理负担过重，生怕考场上丢分，会落在别人后面，造成内心恐惧，逼迫自己晚上加量做难题。正确的做法是，复习时，应该在保持自身扎实的知识基础的情况下，多研究不同类型试题的答题方式，怎样可以拿到更高的分，也可以有选择地尝试突破自己某方面的瓶颈。

二、中等生的冲刺策略。中等生的基础知识略欠扎实，解题能力也略有欠缺，因此，冲刺时，应将巩固基础、掌握好解题技巧作为重中之重。考生发现自己知识上的薄弱环节后，应该进行强化训练，注意总结答题技巧。基础题争取拿满分、中档题不要失分，难题能拿几分是几分，这是这部分学生高考冲刺时的正确策略。

三、基础薄弱生的备考策略。基础薄弱生通常严重偏科或基础不牢，导致考试总分偏低。对他们来说，最有效果的提升方法就是，存在什么问题赶快解决什么问题，实在解决不了的，则赶快放弃。一定要认识清楚自己当前做得了什么，什么方面能提分多。只要把知识基础打牢，提升考分还是很容易办到的。

最后，不管成绩如何的学生，有些方面都是要注意的：

第一，一定要养成良好的答题习惯，在平时的训练中揣摩出最适合自己的答题方式。做习题时，要结合自己的水平进行复习。

第二，对自己进行积极的心理暗示，从心理上做好高考的准备。

第三，提高复习效率，浪费时间在临考前是致命的。这个时候有不懂的问题直接问，只花时间做自己会做的题，一是温故可以知新，二是可以增强自信心，给自己打打气。

第四，在最后两个星期中，每天适当做一些难度适中的模拟试卷。注意，这样做并不是为了查漏补缺，而是为了保持一种跃跃欲试的心理状态，不至于让自己十天半个月因为没有大量地做题而感到生疏，没有题感。

总之，考前复习我们要"外松内紧"，到了真正考试的时候，可以立刻进入状态，那么多年的辛苦到时候就可以换来应有的成绩。

　　相对于优等生来说，中等生、薄弱生可提分的空间大得多。他们平时成绩一般主要是因为没有掌握科学的学习方法，知识点在头脑中没有形成清晰的思路。这些学生一旦得到科学的指导，很快就能准确把握知识点和解题方法，从而使分数得到大幅度提升。那么备战高考进入冲刺阶段，考生应该采取哪些复习方法呢？

　　1. 养成良好的答题习惯，能抓的分数就要牢牢抓在手中。

　　2. 笑到最后的人笑得最甜，心态一定要积极，从心态上打败对手。

　　3. 抓紧点点滴滴的复习时间，有什么不懂的问题就赶紧问，不要不好意思。

　　4. 做一些难度适中的模拟试题，保持题感。

05

在最后的冲刺阶段的有限时间内，我们不可能再把所有的教材都看一遍，这个时候，错题本就发挥了它强大的作用。很多高考状元都用错题本，实践证明，学生能从做错的题目中得到启发，从而不再犯同样的错误，成绩就能有较大的提高。

考生冲刺时，温习错题本是一种最经济实惠的方式，针对性强，容易加深对知识点的记忆。每个学科应该总结一套错题本，通过这个小本子，不断地思考，举一反三，使基础更加扎实。直到进考场前一分钟，错题本都要拿在手里，这可是宝贝。

以下是一位高考状元的语文错题本的摘录，请你认真看看，是否能从中获得启发。

一、易错问题归类：

1. 文言实词掌握不牢固，仅从现代汉语的角度去理解，下一步应该掌握文言实词的特点。

2. 忽视了语境的限制，孤立地理解题目，不注意从上下文去推断。

3. 对整个文言语段的理解模糊，仅凭感觉来判断，如果是翻译题，则胡乱猜测或干脆不译，原词照抄。

二、典型题、易错试题。

1. 找出下列各句与"余自齐安舟行适临汝"一句中"适"意义用法相同的一项（　　　）。

A. 不能兴云雨，无以利世，而适类于予（《愚溪诗序》）

B. 是造物者之无尽藏也，而吾与予之所共适（《赤壁赋》）

C. 贫贱有此女，始适还家门（《孔雀东南飞》）

D. 适得府君书，明日来迎汝（《孔雀东南飞》）

E. 将适齐，谓季隗曰（《晋公子重耳之亡》）

【答案】E。

【解析】题干中的"适"为"往，去，到……去"之意。A项中，"适"为"正，恰好"的意思。B项中，"适"的意思是"享有"。C项中，"适"的意思是"出嫁"。D项中，"适"的意思是"刚才"。只有E项中，"适"的意思为"到……去"，"将适齐，谓季隗曰"的意思为"将要到齐国去，（于是）对季隗说……"

【警示】一定要熟记学过的文言实词的典型例句，并根据意义加以归类整理，通过例句理解记忆。

2. 下列各句中加点词语同现代汉语意义相同的一组是（　　　）。

①至丹以荆卿为计，始速祸焉；②去京口，挟匕首以备不测，几自到死；③何必劳神苦思，代百司之职役哉；④旦日，客从外来，与坐谈；⑤郑人使我掌其北门之管；⑥军惊而坏都舍；⑦愿为市鞍马，从此替爷征；⑧寡君之以为戮，死且不朽。

A. ①②④⑧　　　B. ②④⑤⑦　　　C. ③⑦⑧　　　D. ①③④

【答案】C。

【解析】①"速"字的含义，古：招致；今：迅速。②"去"字的含义，古：离开；今：往、到。⑤"管"的含义，古：钥匙；今：管理。⑥"都"字的含义，古：大；今：都市。排除①②⑤⑥。

【警示】读教材中的文言文要多长个心眼儿，不要只看解释和翻译，要善于区别古义与今义，重点掌握与现代汉语容易混淆的词语。

3. 【2005年江苏高考语文卷】下列各组句子中，加点的词的意义不相同的一组是（　　）。

A. ①及觉，痛咎谢　　　　②旦日不可不蚤自来谢项王

B. ①强饮客，客辞　　　　②王子皇孙，辞楼下殿

C. ①即自引满　　　　　　②引壶觞以自酌

D. ①赋税不时，观察使数诮责②数遗魏王及公子书，请救于魏

【答案】B。

【解析】每个选项的②句均为课文原句，理解不成问题，关键是对①句的推断。A项①句中的"谢"为"谢罪"；B、C两项的①句只要将它放在语境"强饮客，客辞，即自引满，客不得已，与酬酢"中就不难理解了，B项中①句中"辞"为"拒绝"之意，C项中①句"引"为"举起"之意。D项中①句可根据"赋税不时（州里赋税没有按时缴纳）"推断"数"为"多次"之意。

【警示】要善于利用上下文语意进行合情合理的推断。

从这位高考状元的错题本，我们可以明显地感受到，把错题做好归类总结，既方便查找，又可以节省复习时间。考生一旦在学习中遇到类似问题，就可以通过错题本顺藤摸瓜，迅速找到答案。

　　孔子评价他最好的学生颜渊，说他："不贰过。"考生要想在高考时少犯错误，起码少犯以前犯过的错误，复习时，好好利用错题本就显得非常重要。通过错题巩固知识点，加深理解，对高考做题起到警醒的作用。

06

高考考试说明中有一个明确的规定，那就是高考既要考查学生对基础知识的掌握情况，又要考查学生将来上了大学之后的学习潜能，而且高考命题人大部分是大学老师。

这几年，我分析高考题发现，在中学内容和大学内容交界的地方，经常会出一些意想不到的题目，这些题目往往都是一些创新题。

高考说明中还有这样的一句话，即要在知识网络的交会点设计试题。这个信息告诉我们，高考肯定要有综合题。所以你第一轮复习，往往是一章一章或者一节一节地往后推进，但是到了高考综合复习之前，对于那些知识点相互交叉的题目，要给予足够的重视。

比如说，高考数学中经常出的就是函数与不等式、函数与数列、函数与导数，这就有交叉了，这样的题目经常出现在高考的最后一个大题上，比如解析几何与二次函数、解析几何与二次方程。

为什么学生害怕解析几何？因为解析几何是代数和几何的一种交叉，要学解析几何，必然要用到代数的内容。很多高中生不是害怕解析几何本身，而是害怕二次函数、二次不等式、二次方程和解析几何交叉的大题。这种学生之所以害怕，是因为综合能力不到位。

大家知道，从小学数学开始，一直到我们现在的高中数学，交会知识点一天也没有离开过你。

就高中数学知识点的交会来说：向量与三角，向量与解析几何，向量与数列，导数与函数、不等式，导数与数列，导数与三角，数列与函数，数列与解析几何，概率与数列，立体几何与导数、概率交会，等等，这些基础知识一旦交会起来，题型就会更加宽泛，题目的难度也就加大了。知识的交会可以是横向的，也可以是纵向的，还有就是纵横双向的。

例如，圆锥曲线，圆锥曲线中各种曲线的标准方程、几何性质的联系，直线与圆锥曲线的联系；圆锥曲线与其他板块知识点的横向联系，如与数列、三角函数、不等式、向量、导数等知识的联系等。

就拿2013年北京高考文科数学来说，整体难度不大，较易题目占到了100分左右。就解答题来讲，整体难度不大，但要求考生思维上要有所创新。三角函数题增强了对考生逆向思维能力的要求。概率问题的选题背景新颖，选用了现在较为热点的环境问题，需要学生有踏实的心态和扎实的基础才能解答。第18题导数题更加注重考查学生数形结合等数学思维能力的考查，并改变了以往高考只有指对函数求导的定式，考查了三角函数求导知识点，拓宽了出题宽度，扩大了考查面。而第19题通过引导学生证明"不可能为菱形"，要求考生具有较高的批判性思维和独立探索能力，这对于学生的数学能力和数学思维均是一个考验。例如下面这道题：

【2013年北京高考文科数学】直线 $y=kx+m$ ($m\neq 0$) 与椭圆

W: $\dfrac{x^2}{4}+y^2=1$ 相交于 A、C 两点，O 是坐标原点。

（1）当点B的坐标为（0，1），且四边形$OABC$为菱形时，求AC的长；

（2）当点B在W上且不是W的顶点时，证明：四边形$OABC$不可能为菱形。

这道题几乎完全满足了高考对椭圆这个知识点的考查，考生要想正确地解答这道题，就需要对椭圆的定义、标准方程、椭圆的简单几何性质、椭圆的参数方程等知识点有全面的把握和了解，特别是在证明四边形$OABC$不可能是菱形时，更是考查了考生对所学知识点的灵活运用的能力。

提分秘籍　把握知识点，做好综合题

在知识点交会处设计试题，是高考命题的趋势，这说明每年高考的试卷中肯定都会有综合题，也就是创新题。因此，考生复习时，一定要对那些知识点相互交叉的题目给予足够的重视，多做综合题，并认真分析题目都考了哪些知识点，以及这些知识点是如何结合在这道题目中的。

07

立足考纲，狠抓基础不放松

高考的考查目标可以定位为"立足基础，努力创新，拓展能力，追求发展"，高考出题努力做到"知识与能力并用，基础与实践并举"。所以，考生复习的最终目标是掌握知识，形成能力。

重视基础知识的考查是高考命题的一贯原则，在考查这些基础知识的同时，全面地考查学生的各种能力。无论高考命题如何改革，高考对基础知识的考查是永恒、不变的主题，变的是命题形式，不变的是基础知识。

所以说，基础知识是分析问题、解决问题的基本依据，高考试题所提供的材料、情景、问题需要考生去描述、解决，基础知识就是理解、思考、解决这些问题的工具和依据，离开了基础知识就等于没有工具。

比如评价洋务运动，结论给了两个，一个是"利大于弊"，一个是"弊大于利"，要求考生二选一，然后进行评价。这是一道开放性试题，两个结论是相反的，要求考生结合历史进行评价。评价一定要有"工具"，一定要有依据，这就是我们通常说的"史"，也就是历史事实，也就是基础知识，其中包括"洋务运动的背景""洋务运动的内容""洋务运动的效果"等知识点。考生只有基础知识扎实，史实清楚，史论结合，评价才能到位。

拉开学生成绩的一个重要因素就是基础知识是否牢固，并非仅仅是难题拉分。几乎每个考生考低分的原因都是因为基础知识薄弱，换句话说，能力提不上去，究其根本还是因为基础知识不牢固。

所以，我们在复习的过程中，就要抓基础，合理地运用有效的时间，从手里的历年真题入手，分析这些考卷中的每个学科基础知识的涵盖量，做到有针对性的复习，练好扎实的基本功，这是提升成绩的关键。

那么面对堆积如山的考卷，你该从哪些地方入手呢？下面就以两大学科为例，给你提一些建议，帮你少走弯路。

一、语文。考生首先必须掌握考试大纲对知识点和学生能力的要求。

首先是识记，识记是指识别和记忆，是最基本的能力等级；然后是理解，指领会并能做简单的解释，是在识记基础上高一级的能力层次；再就是分析综合，指分解剖析和归纳整理，是在识记和理解的基础上进一步提高了的能力层次；其次是表达应用，指对语文知识和能力的运用，是以识记、理解和分析综合为基础；最后是鉴赏评价，指对阅读材料的鉴别、赏析和评论，是以识记、理解和分析综合、表达应用为基础，在阅读方面发展了的能力层次。

高考对语文这门学科的考查是呈"羊角"式结构，"识记"和"理解"是羊的两只犄角，后三项能力逐步加深，逐渐演变为五个层次。

二、数学。高考主要考查你的思维能力、运算能力、空间想象能力，最后就是实践能力。考生备考时要以考试大纲为指导。

摸准了高考对各门学科的考试要求，那么接下来就要高效管理时间了。在最后的时间，合理安排自己的复习时间尤为重要。这就要回到历年真题上来，历年真题会告诉你每年都考些什么。

回顾历年真题的过程就是梳理知识点的过程。你在浏览高考考卷时，一定会发现你的知识点还有纰漏，这个时候，最好能回归教材，重新拿起课本。对于自己记不住或者有点儿模糊的公式、概念等，都要重新推导一遍，然后仔细地将问题涉及的知识点学扎实，最后将解题步骤完整地写出来。

梳理知识点的同时，考生还要注意对题型和解题方法的归纳和总结，不要只顾着埋头做题，同时还要学会回头看课本、看试卷、看习题，找出容易错的地方，进行纠正。

下面我们来看几道高考真题：

1.【2011年北京高考文综】文庙是中国古代官方兴建的祭祀孔子的场所，产生于唐代，宋代时，逐渐在中原、江南的城市中大量兴建，元代在贵州、云南，清代在新疆、东北等地也相继出现。这一现象表明（　　　）。

A. 兴建文庙是加强专制统治的手段

B. 唐代是官方儒学教育的兴起阶段

C. 文庙的兴修导致了程朱理学的产生

D. 文庙的修建是城市经济发展的需要

【答案】A。

【解析】本题考查学生对基本历史概念的把握，用材料的方式呈现，也考查学生对课本知识的准确记忆。本题可以锻炼学生准确把握历史概念、形成清晰思维的能力。

2.【2011年北京高考文综】下图为地处北纬50° 附近欧洲中部的某聚落局部地区示意图。读图，回答第8、9题。

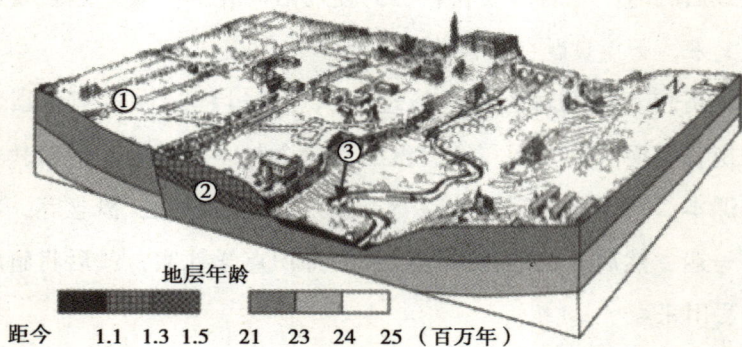

地层年龄

距今　　1.1　1.3　1.5　　21　23　24　25（百万年）

8. 图中（　　　）。

A. 河流形成于距今2300万年前

B. ①处经历了先侵蚀后沉积过程

C. ②处底层由下到上是连续的

D. 河流③处左岸侵蚀，右岸堆积

9. 该聚落（　　　）。

A. 出现在图中所示断裂产生前　　　　B. 坐落在河流冲积平原上

C. 自然景观以落叶阔叶林为主　　　　D. 居住区适宜向河滩扩展

【答案】8. D；9. C。第8题非常注重对学生读图审题能力的考查，貌似复杂，其实只要掌握方法，很好破解。读图首先要读图名，由图名中的"北纬50°附近欧洲中部"即可得出第9题的答案。

　　历年的高考试卷，对你来说，每一次都是一次真正意义上的临考的训练。随着你做考卷的正确率的提高，你对知识的复习越来越深入，能力也一步步提升。

提分秘籍 考纲，考生复习的风向标

　　高中科目众多，各科的知识点加起来就更多了，但并非所有知识点在当年的高考中都会考查到。考生一旦复习方向错了，一切努力都是白费。高考的考查目标可以定位为"立足基础，努力创新，拓展能力，追求发展"，所以考生一定要结合考纲，狠抓基础知识点，培养解题能力。

08

知识+作息+心理=高考成功

高考考的是知识、作息、心理三个方面。如果你能做到知识无漏洞、心理无问题、作息正常，高考成功就指日可待了。那么怎么才能做到这三点呢？

一、掌握复习的主动权。

在复习过程中，老师大多是按照教学大纲和考试大纲的要求，针对全班的整体情况进行复习。这就注定了这种复习模式并不是完全适用于每一个同学，因为有的内容你已经滚瓜烂熟，老师仍在反复讲解，而有的知识点恰好是你的弱项，老师很可能一语带过。

摆脱这种局面的一个有效方法就是结合老师的复习进程，制订符合自身情况的复习进度。有的问题，自己比较熟悉，而且在老师的复习进程中也有安排，就不要再利用课外时间去复习了；而有的知识点，自己还比较生疏，就应多安排一点儿时间提前"啃"，等到老师再复习时，自己可以再仔细领悟一下，使知识得到巩固。

在老师安排复习的基础上掌握自己复习的主动权，保证自己的复习进程与老师安排的复习进程有机交融，互相促进。

考生在复习的过程中要以教材为本。"高考既源于课本，又高于课本"，高考内容多以基础知识和基本技能为主，不管高考会出什么题，它都不可能脱离教材，所以在这方面，任何形式的复习资料都无法与实用性、权威性兼顾的高中统编教材相比。

二、保持良好的作息。

作息直接影响到考生高考时的状态。就拿北京市西城区为例，在高考之前，西城区有戏称的"三大战役"在等待着每个考生。在校生根据这三次战役在知识上步步升级，同时不断调整作息，逐步适应高考。在校生每日从早7点直到晚7点都处在高强度的学习状态中，几乎日日都有大练，每科每日都会出现。保持良好的作息，尽可能地使学习状态贴近高考，这样考生在临考前才能做到与高考同步，使飞行了三年的高考飞机平稳着陆。

三、迎刃而解的心理问题。

很多考生高考失利最大的和最直接的原因往往是心理问题，考生只有彻底甩掉心理包袱，才能恢复自信。

那么在距离高考还有最后20天的时间里，应如何调整自己的复习计划和心态呢？

1. 分析常错易错题。最后20天时间里，你不必做过多的题目，热身训练很主要，保持良好的状态即可。重点是把以前整理的资料、做错题的地方好好看一遍，将自己经常犯错的地方熟记在心，要做到做错的题目不能再错第二次，并且把书也完整地看一遍，将所学的知识系统地梳理一遍，同时整理各种学过的解题思路和方法。

2. 做一做往年高考试题。模拟正式高考的时间和考场秩序，一方面熟悉考试，一方面增强信心。考生做题时，遇到不会做的难题要不假思索地放到后面做，先做容易的题目。尽量避免做模拟题，因为模拟题一般会比高考题难一点儿，考生如果做得不好，会影响应考情绪。

3. **学会劳逸结合。**考生学习要张弛有度。考生考前10天要逐渐减少做题量，千万不要搞"题海战术"，那会引起大脑和心理双重疲劳。适当地放松自己，如傍晚的时候，可以到家附近散散步，或者逛逛公园呼吸一下新鲜空气等，不要给自己太大的压力。但也不能为了调整心态而完全放松，考生应做到以下十六个字：查漏补缺，突出重点，适量训练，调整作息。

在最后的10天里，数学复习的关键是规范解题，提高速度。到了这个时候，学生对于各种题型的解题方法基本上已经了然于胸，但这也导致学生在解题时会简化一些步骤，造成不必要的失分。

英语这门学科，考生可以用最后10天的时间系统地复习一下语法考点和基础语言知识，同时还应熟练掌握模块一至模块八的课标词汇，熟识模块九至模块十一的课标词汇，确保基础部分的得分率。此外，还可以选择一些贴近实际生活，突出人文性和时代性的篇目加以训练，熟悉文章的框架结构，理清文章的脉络，再背几个漂亮的例句，这对考生做阅读和作文题目的帮助很大。

政治：选做典型，关注热点。高考政治答题是有技巧的，"先看题干，再看题支，干支相连，依干求支"，因此，考生可以选择一些典型的例题加以练习，熟练掌握这些窍门。此外，还应关注一下这段时间国内外一些重要的事件和热点的话题，以此为中心向外辐射，用所学的政治知识点对这些事件进行阐释。考试时遇到类似的问题，有准备的你将会解答得更加得心应手。

历史：纵横对比，加强精练，注意加强史料阅读。高考历史题量大，类型广，形式新颖活泼，而且还有很强的学术专业性，对学生的能力要求相应较高。此时应精练一些引用史料的题目，有条件的考生可以多看一些有一定难度的史料，如图片、文言语段、史学评论等，以提高解读文献的能力。

地理：清理盲区，温习典型。将自己感到未掌握的、较为生疏的、还不理解的知识做标记，逐一过关，坚决不留盲区和死角。

高考命题以"稳"为准，在继承中有所创新。你可在考试前将经典例题整理出来，认真做一遍，感悟解题过程，归纳解题规律，熟练掌握解题技巧。

提分秘籍 高考考什么，冲刺时就练什么

高考考的是知识、作息、心理三个方面，那么针对这三个方面，考生应该做好哪些准备呢？

1. 知识。按照教学大纲和考试大纲的要求，结合老师的复习进程，制订符合自身情况的复习计划。

2. 作息。考生要劳逸结合，张弛有度。

3. 心理。考生要适当放松，但又不能完全松弛，要做到这十六个字：查漏补缺，突出重点，适量训练，调整作息。

叁 考试技巧篇

第七章　不要让心态成为你的"滑铁卢"

影响高考成绩的因素有很多，其中最重要的莫过于心态，一个心理素质不过关的学生是没有希望在高考中脱颖而出的。考生心态好，就可能多考几十分，使你的成绩上一个台阶；心态不好，本来已经掌握的知识怎么也想不起来，会做的题目也不会做了，成绩一下子滑到了谷底。

01

坦然面对成绩"K"线

学习没有一帆风顺的，成绩总会起伏不定，就像"K"线图似的有起起伏伏的表现。一般说来，学生历次成绩变化的轨迹可以描述为四种类型：

1. 稳定型

一般可以把单科成绩上下浮动不超过5分，总分成绩上下浮动15分以内的类型描述为稳定型。

2. 波动型

可以把单科成绩上下超过10分，总分成绩上下浮动超过20分的类型描述为波动型。求这种波动型的各科均分值时，最好去掉一个最低分，去掉一个最高分，以增加均分值的可信度，总分均分值也可根据这个办法求得。

3. 上升型

可以把单科成绩、总分呈递升趋势的类型描述为上升型。这种上升型往往反映出某些学生具有较强的综合理解能力和灵活运用能力，他们具有在考试中稳定发挥甚至超常发挥的心理优势。

4. 下降型

可以把单科成绩、总分呈下降态势的类型描述为下降型。这种类型往往反映出某些学生综合理解能力和应用能力比较差，考试时容易发挥失常。因此，在求出总分均分值以后可考虑再减去15分左右，作为该类学生升学考试的假想分。

每次考试都是对考生心理状态的一次最好磨炼，考生要积极地面对考试成绩的波动起落，才能在高考中笑傲江湖。

提分秘籍 成绩为何起伏不定？

1. 由于每一阶段的努力程度不同，各阶段掌握知识的好坏情况不一，因此考生在各阶段的考试分数会起伏不定。

2. 考生掌握知识不够系统，不够全面，出现顾此失彼、厚此薄彼的情况。

3. 考生掌握知识不够深入，不能将知识融会贯通。

4. 考生掌握知识不够牢固，不能精熟地解决问题，遇到以前考过的题，反而又不会做了，就是因为这个原因。

02

　　考生要想在高考中取得成功，不仅需要强劲的实力，良好的心态同样是必不可少的。心态是成功的保证，有了良好的心态，才能将真实的水平充分地发挥出来，甚至超水平发挥，实现自己的梦想。考生要有自信心。信心是考生考试成功的精神支柱，要坚信"我行""我能考好"，要相信自己平时的心血与汗水不会白流，一定能取得理想的分数。

　　大部分学生高考失利的主要原因就是心理状态有问题。有些学生考前过分松懈，觉得高考没什么大不了，跟平常的考试差不多。可到了临考前的一天，对着准考证，对着考试时间表，就觉得紧张了，迷迷瞪瞪地进了考场，稀里糊涂地考试。

　　从小到大考试无数，为什么很多学生每次考前还是会或多或少地出现一些紧张、焦虑的情绪呢？

　　第一，考前不自信。有时候第二天就要考试了，有些学生前一天晚上还在"临阵磨枪"，总觉得这个问题还没搞清，那个问题还不理解。而且很巧的是，越是没把握、不希望遇到的题型在考试时越容易出现，结果考完再一次抱怨："复习的都没考，考的都不会。"

第二，考场上过度敏感。很多考生本来感觉准备得挺好的，谁知一上来就遇上一两道难题、怪题，本来就脆弱的自信心，一下子就被挫伤，随之而来的是紧张和悲观。

第三，考后总是想吃后悔药。有些学生考完一科后，突然发现做错了某个不该错的题目，便会从心底涌起一种"痛不欲生"的悔恨感，觉得自己很冤、很亏，顿时一点儿参加后面考试的心情都没有了。

高考形式上是考知识，考能力，但根本上的第一关，还是考心理，考查考生是否有信心，有耐心，有平常心，特别是有恒心。

考试前的几个月里要经过几次模拟考试，又要忙着报名，又要想报考的院校，这时考生需要保持住恒心，一步步前进，把力用在刀刃上。考生要练就心如止水的本领，这样面对一时的失败、打击或是干扰时，才能坦然接受。

调整心理，尤其还要调整好作息时间，没有良好的睡眠，就算你再有实力，也不能发挥出来。保证充足的睡眠，提高学习效率，不能"耗点"。上课要积极思考，争取在课上把知识消化掉，尽量减少在家里写作业的时间。

此外，考试的目标不要定得太高，宁可把期望值适度降低一点儿。考生要像对待平时的考试那样对待高考，把高考当作平时的考试，只要有了这样的平常心，自信心就会倍增。

世界上就怕认真两个字，你只要每件事都认真去做了，那离成功就不远了。例如下面这两道例题，做错的人非常多，看看他们出错的原因，看看自己是不是也会中枪。

1.【2012年北京高考文综】南昌起义标志着中国共产党创建人民军队的开始。1933年7月，中华苏维埃临时中央政府批准，将每年8月1日定为（　　　　）。

A. 国民革命军军人节

B. 中国工农红军成立纪念日

C. 中华苏维埃共和国成立纪念日

D. 中国人民解放军建军节

【答案】B。

【解析】本题错选D项的学生非常多，之所以出错，就是审题不认真，一些考生看见"8月1日"，习惯性地认为是"中国人民解放军建军节"，马虎大意导致出错。

2.【2012年北京高考文综】下面的史料中，数字符号表示部分句读的位置。其中句读错误的是（　　）。

西人立国具有本①末虽礼乐教化远逊中华②然其驯致富强具有体③用育才于学堂论政于议院国民一体上下同心务实而戒虚④谋定而后动此其体也轮船大炮洋枪水雷铁路电线⑤此其用也中国遗其体而求⑥其用无论竭蹶步趋常不相及⑦就令铁舰成行铁路四达果足恃欤

A. ①②⑥　　　B. ①③⑥　　　C. ②④⑤　　　D.③④⑦

【答案】B。

【解析】很多考生和老师会认为这是一道语文题，其实该题是一道很好的历史题。句读错误的地方，考查的都是"本末、体用"等历史概念和信息。和上一题一样，考生是否保持良好的心态，不急不躁，认真审题，是能否正确答题的关键。

从以上两道高考题中，我们不难体会到，明明是很简单的题目，可是很多考生就是没有答对，类似这样的情况在每年高考中都不少见。做错的考生，不是题目不会，而是心态没调整好，以至于当场发晕，没有得到该得到的分数。

　　良好的心态对考生取得高考成功至关重要。那么怎样才能保持良好的心态呢?

　　1. 积极暗示,增强自信。其实你准备的完全足够了,根本用不着惊慌,怕什么呢!要相信自己,使自己处于愉快、舒适的情境和状态中。

　　2. 适度的紧张是很正常的。考试临近,大家逐渐会产生一种莫名其妙的紧迫感,害怕复习不全面,害怕遇到偏题、难题,害怕考试时不能发挥正常水平。这种紧张和担心是正常的,只要不影响睡眠、饮食和学习就行了。

　　3. 考前"突击战""夜袭战"要不得。不要因考试而打破自己原有的作息制度。平时什么时候起床,什么时候活动,什么时候吃饭,考试前夕和考试期间照常执行。

　　4. 大不了再复读。别老想万一考不好了怎么办,不外乎就是那么几条路,做了最坏的打算,想想就算失败了,其实也没什么大不了的。

03

调整生物钟，防止"晕考场"

　　高考的时间是上午9点到11点半，下午3点到5点，这就提出一个问题，怎样使你在每天上午9点到11点半、下午3点到5点时，精力最充沛、大脑最兴奋、最容易进入状态、最容易发挥自己的真实水平？

　　这就要求你在平时就注意对自己人体的生物钟进行调整。调整的目的，就是把一天精力最充沛、大脑最兴奋的时间调在高考的时间范围之内，调整出高考需要的最佳状态。

　　有的考生习惯晚上复习功课，越到晚上精力越充沛，俗称"夜猫子"。这些考生到了晚上11点、12点精力还很旺盛，大脑仍处于兴奋状态。但他们当中有相当多的人一到了白天就精力不充沛，甚至感觉疲惫，提不起精神来。要命的是，白天正是高考的时间，而他们正好整个人都不在状态，能不能考好就可想而知了。

　　有的学生把考试看成人生的头等大事，因此压力非常大，把自己考试前一天的活动与终身大事连在一起。因此，他们对每一件事情都非常敏感，把考前一天的睡眠问题看得特重，心理反应也特大，反而导致失眠，影响第二天的状态。

袁腾飞
讲高效学习法

正确的做法是把高考当成是一件很高兴的事儿、一件很欢快的事儿。只要把高考当成是一件你愿意做的事儿，你就不会产生疲劳感。

提分秘籍 **在考试时段保持最佳状态**

　　临近高考，考生要尽量调整生物钟，使自己的兴奋点在每天的9点至11点半和下午3点至5点达到高峰，使自己在考试时段里能保持最佳精神状态。考生要对自己有信心，"平时学得不错，高考肯定也没问题的"，不要熬夜，注意劳逸结合，保持一颗平常心。

04

"比、学、赶、帮、超"，超越别人，超越自己

唐姗姗，精华校友，2008年以总分643分的高分考入北京大学，请看她是怎么评价同学间的竞争和自我竞争的：

"人的发展和进步并不是看你超过了多少人，达到了什么水平，而主要是看你是否真正发挥了自己的潜能，是否在不断地超越自己现有的成绩和水平。人的竞争说到底主要是同自己竞争，向自己挑战。到了一定的层次和程度，并不是在和别人比，和别人争，而是和自己比，和自己争。但在适当的时候，你需要跳出自己，去看看周围更棒更强的同学，去相信自己的极限不是'极限'，知道别人可以超过你，你也可以超越自己。"

高中生之间的竞争异常激烈，比如，一次考试你要前进几个名次，使自己达到一个新的水平，或是超过哪几个同学，分数提高多少，等等。这是客观上的学习压力，谁也回避不了，我们只能学会把压力变动力。

同学之间的竞争就像一把"双刃剑"，用得好可以利人利己，激发强烈的成就感和进取心，增进同学情谊；用不好则会误人误己，不利于

学习，伤害和同学的感情。

看着伙伴们的考试成绩屡屡提升，无形中对自己也是一种触动，想要撵上他。如果没有了竞争，没有了同学之间的对比，你一定会经常这样想："反正还有半年学习时间，今天玩了就算了，从明天开始努力。"

同学之间的竞争就像拔河比赛，合作与竞争是相辅相成的。我们在学习过程中，只有把两者有机地结合起来，在"比、学、赶、帮、超"的良好氛围中，竞争双方的学习才能得到最大限度的提高。

一、互学。三人行，必有我师。不要以为只有学习成绩优秀的人身上才有长处，学习成绩不优秀的人身上就没有长处。学习差的同学身上也有长处，也有他们的优点。

二、互通。把自己最新得到的某些新知识、新信息准确、快捷地传递给对方，不仅会丰富对方的知识库，而且还会促进双方的情感。相反，如果你封锁我、我封锁你，大家都抱残守缺，就只能是孤陋寡闻，久而久之，就都落伍了。

三、互助。自己有所长，要在互助中教给你要好的同伴，形成你追我赶之势，时间长了，两人共同提高。

1. 一起讨论难题。一个人自学，疑点难点一时不容易弄明白，往往难于打开思路。如果几个同学在一起，相互讨论，各抒己见，就容易得出满意的答案。

2. 当回老师，像老师一样走上"讲台"，"讲授"学习内容，其他同学边检查边补充，这样就能有效而全面地掌握学习内容，因为听一遍或读一遍，一个月之后就可能忘记，如果教人一遍，则终生难忘。

3. 互相提问。在学习过程中，你可以通过反复听、反复读、反复写等方法进行记忆。一个人单独记忆时难免会感到枯燥，容易抑制思维。

一种好的记忆方法是，几个同学一起记忆，彼此提问，互相回答，一个人回答不出来，其他人可以提示，而且几个同学之间还会有竞争，这样就能刺激你的思维，提高记忆效果。

四、互励。同道而行，一方落后就要及时打气加油，让他跟上，继续并肩而行。

五、互促。好同学最讲究你追我赶，齐头并进，双双夺魁。这种促进非同一般，它发自内心，显得厚实、纯正，是自信的表现。

六、互让。在利益面前互让，在荣誉面前互让，都是高尚行为。我们常说"友谊第一"的话，这话很响亮，但是真要做到不容易。

七、互敬。互敬不要敬在口头，而要敬在心里。同学有长处，大家都会看到。互敬也不在言辞，而在互学的行动中。

提分秘籍 同学间的竞争是把"双刃剑"

竞争无处不在，高中生之间的竞争尤为激烈，它就像把"双刃剑"，用不好会误人误己，不仅会阻碍自己的学习，还会影响到同学之间的感情；用好了则利人利己，同学之间可以互学、互通、互助、互励、互促、互让、互敬，在"比、学、赶、帮、超"的良好氛围中，学习成绩就能得到最大限度的提高。

05

摸准高考命题规律，树立信心上考场

通过分析历年真题，大家可以发现，高考命题还是有规律可循的。只有抓住了规律，高考备考和答题才能事半功倍。

第一，高考是考区分度，不是考难度。什么叫区分度呢？就是一份试卷不同分数段的分布情况。区分度呈枣核形，两边尖中间鼓，中档难度的题目永远占绝大多数，特别容易和特别难的题目都不会多，这是高考命题的一条铁律。

很多孩子考试的时候会觉得这次考核的题目怎么这么难，或者怎么这么简单。这个时候，千万不要因为难就着急，也不要因为简单就骄傲，因为要难大家都难，要简单大家都简单。

所以你不要因为试题的难易影响考试的心情，用心答题就行。题目的难和简单都不影响你上大学，区分度才是决定你上什么样的大学的关键。

第二，高考命题更强调能力，而不强调单纯的知识记忆。因为高考命题是大学老师出题，他们很少去仔细看中学的教材，想让他严格按照哪个知识点去出题，恐怕不太可能。

拿历史课来说，那些老前辈会通过补充材料或者提供思考的方向来考查学生的能力。对理科生而言，基础不同，可能分数的差别就很大，但是对文科的学生来讲，大家差别都不大。所以，文科考的最重要的就是阅读能力。打小看漫画的，一篇纸上就"哇塞"这么几个字，写出来的肯定是三类文。打小看《红楼梦》的学生，卷子上全是丰富、优美的词儿，写出来的文章肯定是一类文。

第三，主流主干年年考，非主流主干轮流考，三年内不重复。高考主流主干知识一般占80%的分，非主流主干知识大概占20%的分。

老师能做到的就是这三年间哪些非主流主干知识考过了，赶紧告诉你，这样你在复习的时候就可以不作为重点去学习。特别要强调坚决不押题，更不建议学生押题，因为高考题是不可能有你看到或者做过的题的。如果有人说："我能押题，你上我这儿来报班吧。"那你就赶紧走，倒给钱都不要上。这么说的百分百是骗子。

文综考试，历史、政治这些科目，要贴近热点，这个热点是持续热的，不是偶尔的。比如说，今年是郑和下西洋600周年，那你绝对不用背郑和下西洋了，肯定不会考。今年是红军长征胜利70周年，你就不用再复习长征了，肯定不会考。但是今年是中华人民共和国成立60周年，那高考肯定会考，因为中华人民共和国史可考的东西太多了。宏观的、涉及面宽的知识点肯定是高考的重点，例如环境问题、民生问题、农业问题、产业结构调整的问题、思想文化的问题等，这些是年年都必须考的，回避不了的。

　　综观历年高考试题，你会发现，就算题目再千变万化，高考依然是有规律可循的，而且这个规律还非常明显，具体表现为以下三点：

　　1. 高考考的不是难度，而是区分度。也就是说，高考试卷的大部分题目都将围绕中等难度的知识点设置，抓住了中档题，就抓住了试卷的大部分分数。

　　2. 高考命题强调能力，不强调单纯的知识记忆。这就是说，考生要学会举一反三，理解知识点，机械硬背定理和公式是没有用的。

　　3. 主流知识每年都会考，非主流知识三年内轮流考。因此，考生复习时，一定要以考纲为依托，将有限的时间和精力用到刀刃上。

考试技巧篇

第八章　会答题者得高分

每年高考结束后，总有些同学的预估分数和实际分数有差距，重要的原因就是没有掌握应有的答题技巧。例如答题不够规范化，失了卷面分，再如答题时间不够用等问题，导致考生在考场上"会而不对，对而不全"。其实问题表现在试卷上，根源出在意识上。考生只有树立正确的答题意识，掌握必要的答题技巧，才能做到"会而对，对而全"。

01

不掌握就会丢分的答题方法

经过三年艰苦的学习，高考终于来了，怎样答题才能将平时学到的东西都发挥出来呢？

第一，通观整张试卷。大致浏览整张试卷，迅速客观地进行评估，明确哪些分数是必得的，哪些分数要尽可能得到，哪些分数是根本得不到的，再采用不同的应对方式。这样你才能镇定自若，进退有据，最终从总体上取得这次考试的好成绩。

第二，做题顺序很关键。根据平时训练做题的情况，选择一种适合自己的答题顺序。考生要注意避免两种不良做法：一是对自认为的难题一点儿不看就轻易放过；二是啃住难题不放，白白浪费时间和精力。

一般来说，试卷的题目都是从易到难来排列的，因此，考生答题时最好按照顺序由易到难作答，每题必想，每题必做，能得几分得几分。以高考试卷为例：

I卷的选择题最好按顺序做。答题速度不宜过快，对于没有把握答对的题标记一下，全部答完再去复查。然后一题一题做，会做的先做，不会做的跳过去，最后攻难题。

Ⅱ卷的非选择题最好采用按顺序做与先易后难相结合的方法。先把自己有把握的题尽量一次性做好，再逐一攻克难度较大的题。

第三，细心者得高分。遇到容易题不大意，遇到难题不紧张，慢慢来，一道题一道题做好。

第四，"好钢用在刀刃上"，拣肉厚的地方下刀。把时间放在得分效益最大的地方，这里所谓的"刀刃"和"肉厚的地方"并不是指个别的难题，而是大量的普通题。因为普通题所花时间少，而所得分数又是最多的。做完有充分把握得分的容易题，才能做难题，做了难题丢了容易题的做法是很愚蠢的。

第五，甭在难题上纠缠。碰到难题既不能轻易放弃，也不要抓住不放，难题做不出是很正常的。用3~5分钟时间来确定自己是否有思路，有把握就做，没把握就拉倒，先跳过去做下一道题。将时间用于检查其他题目，确保会做的题不丢分。但是难题也不要一字不写，能写多少写多少，尤其是理科题是按步骤给分的，只要思路合理，都会给分。能有多得0.5分的机会，就一定不要放弃。有句话说："提高一分，干掉千人。"切记！

　　仅仅学会知识还不够，考生还要掌握必要的答题技巧，将所学知识又快又好地答在试卷上，高考才算取得成功。那么，有哪些答题技巧是考生必须掌握的呢？

　　1. 通观整张试卷。心急吃不了热豆腐，考生不要一上来就做题。

　　2. 做题顺序很关键。考生做题要先易后难。

　　3. 做题越细心越好。考生答题要细心，这样做完一道题，就能得到一道题的分。

　　4. 拣肉厚的地方下刀。考生要把时间和精力放在最容易得分且分数最多的普通题上。

　　5. 不要纠缠难题。碰到难题既不能轻易放弃，也不要抓住不放，无谓地浪费宝贵时间。

02

一寸光阴一寸金，巧用限时答题法

不同科目有不同的答题方法，下面我就结合语文、数学和英语这三大科目，具体讲讲各科的限时答题法。

一、语文。

语文考试是高考的第一科，所以考生临考前要有充足的准备，让自己有个好开端。在考场上，拿到卷子之后，可以先浏览一遍，也可以先看看作文，让自己有个粗略的印象。当然，考生也可以按自己的习惯，找到最适合自己的答题方法。

答题过程忌先松后紧。一旦开始答题，考生要迅速集中注意力，同时也要避免心浮气躁。语文试卷答题时间的分配大体可以这样安排：Ⅰ卷大约用时40分钟，包括基础知识10分钟，现代文小阅读15分钟，文言文阅读15分钟；Ⅱ卷文言文翻译5分钟，诗歌鉴赏10分钟，默写3分钟，大阅读22分钟，合计40分钟；Ⅲ卷语言运用15分钟，作文55分钟，合计70分钟。

因此，难题不宜占用过多时间，如果超出预计时间，考生应果断放弃，把时间留给那些能做出的题目。如果有剩余时间，再回头去完成没有作答的题目。高考是选拔性考试，遇到难题是正常的，要懂得取舍。

语文学科重在平时积累，但临场发挥也不可忽视。考生在考场上应合理安排时间，从题目入手，把握命题思路，注意筛选信息，抓住重点，规范整洁地书写。

接下来重点谈谈作文。**写作文时，考生要多角度审题，审好题目是作文最关键的一步。**无论哪种形式的命题作文，审题时都有规律可循，抓住重要词句或富有内涵的信息是关键。考生要留出足够的时间审清题意，千万不可马虎大意。要注意细节，抓住要点，还应注意一些附带的隐含的提示性信息，有时，那些潜台词能给你关键性的提示。在题意不确定或难以把握时，考生不妨通过联系和类比，用同类事物与之比较，也许能开启思路。

作文审题时，考生宜先发散思维，尽量多角度思考，搜寻相关信息，而后再筛选、集中，提炼出话题和观点。在成文前，先拟写一个提纲，增强文章的条理性。中心明确了，条理清楚了，再在语言上下功夫，可综合使用多种写作技巧、修辞方法，增强文章的生动性和形象性。

再说说现代文大阅读。考生解答大阅读要从题目入手，注意把握作者的行文思路，重点看开头和结尾。筛选信息时，注意抓观点句、关键句、中心句、重点句等。有些问题要联系上下文，有些要看整段的内容，有些要从全篇考虑。所以，把握作者思路尤为重要。

其次，考生要注意不同类型文章的特点。如写人叙事类文章，要注意人物形象、故事情节、描写手法、叙述人称、叙述线索、叙述方式、前后照应、伏笔悬念、隐含寓意等；说理议论类文章，要注意观点、论据、论证方式和结构等；描写类文章，要注意描写对象的特点、描写的方法等。同时关注常见的修辞手法，常考的有对比、衬托、象征、虚实结合、欲扬先抑等。

大阅读所考查的问题，一般都是作者想要表达的思想、情感和态度等，所以考生千万别把自己的意愿强加进去。筛选信息一要准，二要全。理解分析时，既要注意规律性的特点，又要注意个性化的内容。回答问题时，问什么答什么，不要仅仅用原文中的话或自己的话来作答，应将二者结合起来。

请看2012年高考全国卷作文试题，试着自己完成一篇习作。

【2012年全国高考语文】 阅读下面的材料，根据要求写一篇不少于800字的文章。

船主请一位修船工给自己的小船刷油漆。修船工刷漆的时候，发现船底有个小洞，就顺手给补了。

过了些日子，船主来到他家里道谢，送上一个大红包。

修船工感到奇怪，说："您已经给过工钱了。"

船主说："对，那是刷油漆的钱，这是补洞的报酬。"

修船工说："哦，那只是顺手做的一件小事……"

船主感激地说："当得知孩子们划船去海上之后，我才想起船底有洞这事儿，绝望极了，觉得他们肯定回不来了。等到他们平安归来，我才明白是您救了他们。"

要求选好角度，确定立意，明确文体，自拟标题；不要脱离材料内容及含意的范围作文，不要套作，不得抄袭。

【解析】 这个作文题，材料内容通俗，主旨明确，考生可以各抒己见，写出有见地的好文章。根据材料作文审题的一般要领，由果溯因，审题的重点是"小小事件的结果"。考生可以简单梳理材料，从修船工、船主人的思维角度入手，找到写文章的切入角度。

作为一个普通平凡的修船工，做了一个顺手而为的小举动，挽救了他人生命。平凡人的举手之劳，源于善良与爱心的本性，源于长年累月形成的行为规范。修船工把自己的行为当作一种自觉自愿的利他式的无私奉献，"平静地面对""工钱已经给过了""那是顺便补的"。因此，考生作文的最佳立意角度是：责任、善心、细节、用心等。

而从船主的角度出发，以一种送红包的形式表达感激之情。善就要赞美，善就要以德报德，善就要知恩图报并把这种精神传承下去。因此，最佳立意角度也可以是——感恩。

新课程改革背景下的高考作文，必须体现时代性、基础性、开放性、人文性的新课改精神。高考的目的是为国家选拔人才，把一个怎样的国家交给怎样的下一代，有责任感的人都会有所思考。因此考生要时刻关注社会热点，关注现实人生。

二、数学。

高考数学特别强调对基本概念、基本计算方法、基本数学思想以及解题的技巧、方法等的考查，因此，在解答高考数学题时要处理好如下五个问题：

1. 处理好"审"和"解"的关系。有的考生对审题重视不够，匆匆一看急于下笔，以至题目的条件与要求都没有吃透，更不要说如何从题目中挖掘隐含条件、启发解题思路了，这样解题出错自然也就多了。因此，考生一定要耐心仔细地审题，准确地把握题目中的关键词与量，如"至少""$a>0$"，自变量的取值范围等，从中获取尽可能多的信息，这样才能迅速找准解题方向和基本要点。

2. 处理好"会"和"得"的关系。要将你的解题策略转化为得分点，主要靠准确完整的数学语言表述，这一点往往被一些考生忽视，因此卷面上大量出现"会做但没做对""做对但没做全"的情况。如立体几何论证中的"跳步"和逻辑关系颠倒，使很多人丢失1/3以上的得分。代数论证中"以图代证"，尽管考生的解题思路正确，甚至很巧妙，但是由于考生不善于把"图形语言"准确地转化为"文字语言"，造成得分少得可怜；再如计算和推理不严谨，许多考生"心中有数"却表述不清楚，丢分也就成了常事儿了。

3. **处理好"快"和"准"的关系。** 只有"准"才能得分，只有"准"你才能不必考虑再花时间检查，而"快"是平时训练的结果。考场上一味求快，只会错误百出。比如高考中求概率的试题是最简单不过了，但是相当多的考生在匆忙中把数据算错，尽管后半部分解题思路正确，也几乎得不到分，这与考生的实际水平是不相符的。适当地慢一点儿、准一点儿，可多得一点儿分；相反，快一点儿、错一片，花了时间还得不到分。

4. **处理好"难"和"易"的关系。** 考生拿到试卷后，应将全卷通览一遍，一般来说应按先易后难、先简后繁的顺序作答。答题时不要在某个卡住的题上打"持久战"，那样既耗费时间又拿不到高分，会做的题又没时间了。这几年，数学试题已从"一题把关"转为"多题把关"，因此解答题都设置了层次分明的"台阶"，入口宽，入手易，但是深入难，解到底难，因此看似容易的题也会有关卡，看似难做的题也有可得分之处。所以考生看到"容易"题不可掉以轻心，看到难题不要胆怯，只要冷静思考，仔细分析，定能得到应有的分数。

5. **处理好"过程"和"细节"的关系。** 考生拿到试卷后，心情一般比较紧张。此时，可以做以下几件事：通览全卷，了解全卷有几道题目几种题型，每道题目占多少分；明确各题的难易情况；稳定情绪，树立信心，别人会的我更会，别人不会的我争取会。

下面是一道高考文科数学考题，看看你能解答出来完整的答案吗？

【2012年江西高考文科数学】 已知数列 $\{a_n\}$ 的前 n 项和 $S_n = kc^n - k$（其中 c，k 为常数），且 $a_2 = 4$，$a_6 = 8a_3$。（本小题满分12分）

（1）求 a_n；

（2）求数列 $\{na_n\}$ 的前 n 项和 T_n。

【答案】（1）由 $S_n = kc^n - k$，得 $a_n = S_n - S_{n-1} = kc^n - kc^{n-1}$（$n \geq 2$）

由 $a_2 = 4$，$a_b = 8a_3$，得 $kc(c-1) = 4$，$kc^5(c-1) = 8kc^2(c-1)$，

解得 $\begin{cases} c=2 \\ k=2 \end{cases}$，所以 $a_1 = s_1 = 2$，$a_n = kc^n - kc^{n-1} = 2^n$（$n \geq 2$）

于是 $a_n = 2^n$。

（2）$T_n = \sum_{i=1}^{n} ia_i = \sum_{i=1}^{n} i \cdot 2^i$，即

$$T_n = 2 + 2 \cdot 2^2 + 3 \cdot 2^3 + 4 \cdot 2^4 + \cdots + n \cdot 2^n$$

$$T_n = 2T_n - T_n = -2 - 2^2 - 2^3 - 2^4 - \cdots - 2^n + n \cdot 2^{n+1}$$

$$= -2^{n+1} + 2 + n \cdot 2^{n+1}$$

$$= (n-1)2^{n+1} + 2。$$

【解析】 数列是高考数学的主要考查内容之一。这道题突出了对数学基础知识和基本技能的考查，贴近教学实际，既注意全面，又突出重点，注重文理差异，注重知识的内在联系。

考生在复习这个知识点时需要注意：

1. 数列是一种特殊的函数，考生学习时要善于利用函数的思维来解决，如通项公式、前 n 项和公式等。

2. 等差（比）数列是常见题型，考生解决此类问题需要抓住基本量 a_1、d（或 q），掌握好设未知数、列出方程、解方程三个环节，常通过"设而不求，整体代入"来简化运算。

3. 考虑问题要全面，如等比数列求和要注意 $q=1$ 和 $q \neq 1$ 两种情况等。

4. 等价转化是数学复习中常常遇见的知识点，如 a_n 与 S_n 的转化，考生需要将一些数列转化成等差（比）数列来解决等。

5. 深刻理解等差（比）数列的定义，能正确理解定义和等差（比）

数列的性质是学好这个知识点的关键。

6. 考生解此类题时要善于总结基本数学方法，如观察法、类比法、错位相减法、待定系数法、归纳法、数形结合法，养成良好的学习习惯。

三、英语。

针对英语这门学科，限时答题法的总体指导思想是审题要准，做题要快。英语试题的难度相对稳定，但时间较紧，考英语时，考生应尽量提前进入考场使自己快速平静下来，以保持良好的状态。

下面结合历年英语高考试题的特点，给考生提供六点建议：

1. 听力部分。做这部分试题时，考生要充分利用每段听力前所给的读题时间，找出每段要听的重点。你可以在题上画出关键词，先预测一下短文或对话的内容，带着问题去听。遇到听不清楚的地方，不要着急，重要的是听大意，把握对话或短文的主要意思，注意说话人的语气，重点听实词。

2. 单项选择。做单项选择题时，考生要注意语境，利用信息，适当分析句子的结构，特别注意疑问句、感叹句、定语从句中的句子成分还原。选定答案后尽量不琢磨，不轻易改动所选答案。最后还要注意这部分一定不要花过多的时间，尽量以30秒一题的速度答题。

3. 完形填空。考生要按照平时训练的方法进行阅读，不要因为时间紧张拿起试卷就急于答题，上下文看通以后再选择，做完后，最好带着答案回读一遍，尽量避免出现连错的现象。

4. 阅读理解。考生做阅读理解题时，如果遇到记叙文，则要重视文章的细节和中心思想，如果是议论文，则要重视作者的态度和核心观点，可以在试卷上画出重点。先看题还是先通读文章，要看文章的体裁。一般来说，信息类的文章，考生应该先看题，这样针对性更强；如果是记叙文，考生要找细节和中心思想，就一定要通读全文，避免只看局部而造成理解的片面性。这一部分，考生要掌握好时间，答题速度保持在8分钟一篇。

5. **短文改错**。考生要通读全篇，注意动词时态、并列结构是否一致；要以句子为单位而不是以行为单位，特别注意转行的错误以及上下文逻辑；注意改错的类型，一般正确的有一处，删词和加词的有三处左右，需改动的有六处。其中需要改动的包括：冠词、形容词和副词的误用，名词的单复数，动词的时态和语态，非谓语动词、连词、介词搭配等。改错格式要正确，原文中要有准确的标记。

6. **作文是拿分的关键**。作文对错别单词没有明确的标准，阅卷老师在评分时，只有"较多错误""些许错误"等比较笼统的等级概念，标准由评卷老师自主把握。英语作文考的是学生的语言构造能力、句子衔接能力、句式掌握能力，作文整体阅读起来的感觉是否地道、自然，作文的长短并不是关键问题。

【2010年全国高考英语】书面表达（满分30分）

假设你是李华，你的美国笔友Peter曾表示希望来中国教书。你校现在需招聘外教，请给他写封信，告知招聘信息。内容主要包括：

1. 教授课程：英语口语、英语写作、今日美国、今日英国等；

2. 授课对象：高中生（至少三年英语基础）；

3. 工作量：

—每周12学时，任选三门课；

—担任学生英语俱乐部或英语校报顾问（advisor）；

注意：

1. 字数100左右；

2. 可以适当增加细节，以使行文连贯；

3. 开头语已为你写好，请将完整的回信书写在答题卡上。

Dear Peter：

I remember you told me you were interested in teaching in China.

_____

_____

_____

Best

Li Hua

【答案】One Possible Version：

Dear Peter：

I remember you told me you were interested in teaching in China. Our school now is looking for a native-speaker to teach some courses to senior high students.

If you come, you can choose three of the following four courses：Speaking, Writing, Britain Today and American Today, and teach of English learning experiences. Besides teaching, you will also work as an advisor to our students' English club or our school's English newspaper.

Please tell me know if you are interested and if you have any other questions. I'd be more than happy to help.

Best

Li Hua

【解析】在文章的行文过程中，要注意几个方面的内容：

1. 在结构上，采用三段成文的结构。首先要直接引出话题；其次要进行自我介绍并表明意图；第三要表达愿望，希望获准。

2. 在内容上要包含五个要点：①招聘之事；② 教授课程；③授课对

象；④工作量；⑤恰当的结尾。

3. 在时态选择方面，依据材料场景设置的实际情况，应以一般现在时为主。

4. 人称为第一人称。

5. 为使文章自然流畅，要适当使用连词。

6. 用恰当的高级句型和词汇提高作文的档次。

7. 词数不得少于80或多于120，否则会被减去2分。

提分秘籍 算准时间，提高答题速度

高考就像戴着镣铐跳舞，每科有固定的答题时间。考生要在有限的时间内将所学知识完美地呈现在试卷上，这就需要掌握限时答题法。但是限时答题法不是各科通用，考生需要"因科制宜"，结合不同科目的题型，合理运用限时答题法。例如，做英语单项选择题时，一定不要花过多的时间，尽量以30秒一题的速度答题；做阅读理解题时，要保持每8分钟一篇的速度。

03

考生要想提高自己高考的成绩，首先要培养良好的审题习惯，做到"眼到、口到、手到、心到"。认真读题，读题时做到不添字，不漏字，逐字逐句、逐符号地读，边读边记边理解，要反复读、仔细读、边读边想，要弄清题目的要求，对题目的内容有个总体的印象再答题。

高中生审题的粗心现象大致有两种类型：一类是真粗心，我称之为粗线条审题，是指学生已经理解和掌握了相关的知识，对于其中的某些问题本来完全可以解决，但由于看题时不仔细，粗心大意，从而造成错误。比如18世纪，转换成具体的时间应该是1700年到1799年，但很多人看到18世纪就马上判断为一八多少年。

另一类是假粗心，我称之为假冒审题，也就是通常说的"会而不对，对而不全"。从表面上看已经弄清楚问题了，但是真正做起来又感到困难，对问题答不完全或说不清楚，总是一部分错一部分对，并给人粗心的假象。这类学生看题是仔细的，一个字也不放过，可是读完后一片茫然，找不到答题的切入点，只好要么空着不写；要么瞎写一通，看似写得满满的，却答非所问。

针对这种情况，考生应该在对题目的理解过程中找准做题的切入点，要钻研试卷，整合与之相应的审题切入点。不要生搬硬套，依葫芦画瓢；应理论联系实际，方法与例题相结合，和平时练习的类似的题目相比对，举一反三，完整作答。

近年来，高考语文作文多采用话题作文的形式，这种作文给考生提供一个既开放又有限制的话题，只规定写作的话题范围，至于文章的具体体裁、主题、立意、选材、表达方式、写作手法等则由考生自由选择。看起来好像话题作文范围宽泛，考生的表达方式可以多样化，可以"淡化审题"，其实这是考生对话题作文的一种误解。

"淡化审题"不等于"忽视审题"。话题作文更注重审题，审题常见的失误表现在以下几个方面：

一、忽视了概念的内涵。话题有时是以一个概念的形式出现的，比如"诚信""欣赏""选择"等。概念都具有特定的内涵，似是而非地理解概念的内涵就有可能跑题。如以"热"为话题作文，提示语中已经列举了"网络热""打工热""炒股热"等例子，显然，这里的"热"是指一种社会现象，但有的同学在作文中将"热"理解成"热情""热心"，甚至写成了"我为祖国献热血"等。错解概念的内涵，作文一开始就误入了歧途。

二、忽视背景语的指向。背景语往往是命题者刻意营造的某一种情境，不同的背景语引发的思维走向是不同的。考生只有审清了背景语的思维指向，才能保证写作时自己的思维模式与话题内在意思的贯通。例如下面一则材料：

哲理之于人生，时时相随，事事蕴含，处处显现。"逆境出人才，顺境就出不了人才"？做人坚持"行方"原则，具有润滑功能的"行圆"策略就可抛弃？人生，需要我们认真思辨的哲理太多太多：

德与才、苦与乐、美与丑、愚与智、荣与辱……

请以"人生哲理"为话题写一篇文章。

这个话题要求我们谈论的哲理应是矛盾对立的双方，比如"己所不欲，勿施于人"与"己之所欲，滥施于人"；孔子的"入世"与庄子的"出世"；谭嗣同的"我自横刀"与文天祥的"隐忍以行"……有的人忽视了背景语中的提示，抓住"哲理"大做文章，写成"忘记历史是一种背叛""不识庐山真面目，只缘身在此山中""路遥知马力，日久见人心"等，这些虽是哲理，但是，缺少矛盾对立双方的哲理是不符合命题者意图的。

三、忽略提示语的暗示。话题作文在开放中又有所限制，这些限制多出现在提示语中。

比如这样一则材料：

人的一生总要与书打交道，在与书的接触过程中，一定会有某些故事发生，之后就会有一些属于自己的思考。

请以你与书的交往过程或以对书的思考为内容范围写一篇文章。

这则材料的提示语中包含着丰富的信息，"你与书的交往过程"隐藏的限制至少有：（1）要写自己的，不能写他人的；（2）要写出过程，最好是写成散文或记叙文。

"对书的思考"透露的信息则有：（1）要以写对书的感悟、体验以及书对"我"的启示教益为主；（2）文体上最好写随笔、杂感或议论文。

考生有了上述思考，就可以保证在审题中不会有大的失误。而有的同学偏偏离开了"我"的读书经历、"我"的读书体验，泛泛而谈书的作用和好处，写出诸如"书中自有黄金屋""书籍是人类进步的阶梯"等缺少个性的文章。

从以上的分析中，我们可以发现，审好题目并准确把握话题作文的材料、引导和注意事项，正确理解题意，是写好话题作文的前提。

下面，我们再以选择题为例，谈谈考生应该如何正确审题。

选择题由两部分构成——题干和题支。考生审题时，首先要领会题意，审清题干，全面、仔细、正确地理解题干所提供的各种信息，弄清题干的中心思想。其次，搜索关键词和关键句，这样才能准确理解材料的意思，依据题干对题支进行正确的分析，认真思考和仔细分析题支与题干间的内在联系。

例如下面这道例题：

【2012年北京高考文综】下图是中国某一朝代都城内中枢机构的分布示意图。该都城是（　　　　）。

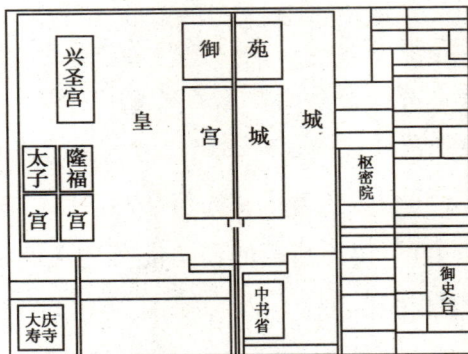

```
┌─────────────────────────────────────┐
│  ┌────┐   ┌──┬──┬──┐  ┌──┬──┬──┐     │
│  │兴圣宫│   │御│苑│城│  │  │  │  │     │
│  └────┘ 皇 │宫│城│  │  ├──┼──┼──┤     │
│  ┌──┬──┐   │  │  │  │  │  │  │  │     │
│  │太│隆│   │  │  │  │ ┌────┐         │
│  │子│福│   │  │  │  │ │枢密院│       │
│  │宫│宫│   │  │  │  │ └────┘         │
│  └──┴──┘   └──┴──┴──┘      ┌────┐    │
│  ┌────┐      ┌────┐        │御史台│   │
│  │大庆│      │中书│        └────┘    │
│  │寿寺│      │省  │                  │
│  └────┘      └────┘                  │
└─────────────────────────────────────┘
```

A. 唐长安　　　B. 宋开封　　　C. 元大都　　　D. 明北京

【答案】C。

【解析】本题考查中国古代政治制度，属于主干知识。该题用地图的方式呈现，考查学生最基本的时空掌握。考生审题时如果不能获取全部的有效信息，则很容易犯错，误认为B项是正确答案。

宋代设"中书门下"作为最高行政机构，而不是"中书省"，这是考生在回答这个问题的时候最易混淆的。唐代的中央行政制度是"三省六部"，"中书""尚书""门下"三省并存，而图中只有"中书"，因此A项错误。有些同学根据"枢密院"，判断这是宋代，而忽略了元代也有枢密院这一史实，因此，B项也错误。明太祖朱元璋废丞相，明成祖朱棣设内阁，在图中并无体现，因此D项是错的。元代设"中书省"上承天子，下总百司，与图中情况符合，因此，C项对。

提分秘籍 审题大法，揭开考题的神秘面纱

　　考生要想取得高考成功，首先要培养良好的审题习惯，做到"眼到、口到、手到、心到"。例如高考作文赢在审题，审题永远是写作成功的必要条件。不管考生面对什么类型的作文，都必须从审题入手，弄清作文命题的"核心立意区"。只有这样，作文才能得高分。

04

得高分的致胜绝招

面对高考，其实考生只要基础知识扎实，就无往而不利。技巧就是招数，基础知识是内功。内功高的人飞花摘叶，皆可伤人，但是你说我不练内功，我整天练摘花，那肯定没戏。但在上考场前，学个一招半式，有时候也能加分不少。

第一，答题的时候，尽量要答干货，别说虚话。 有些学生答题老找不着要点，答了一大堆，得不了几分，这就是因为他们基础不牢，不知道重点、难点、突破点在哪儿。所以我一直说，对于历史考试，考生要把大题做成填空题，做成填空题的前提就是我知道要填哪个空。

为什么填空题你不会写一大堆？那是因为填空题的指向性非常明确。某年谁统一了中国，你自然填公元前221年秦始皇统一了中国，你不会写别的。如果问答题你也能够看得这么准，这道题实际上就是在问哪年，谁，在哪儿，干了什么事，那么你把这几个词摆在那儿就得分了。

理科学生采用这个办法有点儿难度，因为理科题目是按演算过程给分的，如果只写一个结果，人家还以为是你抄来的。对文科考试来说，答题过程没有分，前面写一大堆定语、状语、补语、形容词、动词全没用，要的就是后面那个名词。例如台湾自古以来就是中国领土，这没有分，要答台湾从元朝就是中国领土了，这行，这有分。别说什么自古以来，这没有分。

第二，文科答题争取一步到位。考文科时，打铃时考生画下最后一个句号最好，要一步到位。一做就做对了，除非不会的，空着，有时间再想，没时间就算了。理综考试有考满分的，文综考试没听说有谁考满分的。答文综题目时，考生第一遍写的时候最有激情，越检查越改，越改越乱七八糟，越不如第一遍。

第三，文科试卷中的跨学科综合题，考生要按顺序答，千万别跳。假如说这道综合题的第一问是地理，第二问是历史，第三问是政治。平时自认为政治学得好的同学，抛开第一、二问，直奔第三问去了，结果没想到今年政治最难，一下傻了，结果第一、二问也不会了。甭管文综还是理综，我的建议都是这样，必须按顺序答，一道题一道题往下做。遇到模棱两可的题就跟着第一感觉走，看哪个顺眼就选哪个。看着顺眼证明你以前见过，这样正确率更高一点。

第四，试卷上的字，男生一定要写工整，女生一定要写大。男生一定要把字写清楚，不要写连笔，一笔一画工工整整写正楷，别写行书，更别写草书；女生就尽量把字写大。字写得又大又工整，势必书写速度就会慢，答不完题怎么办？你少写点儿就行了，答题答重点，都写词儿，保证对，例如"权利法案"四个字，你能用多长时间呢？"1689年英国议会通过了影响深远的权利法案"，这句话你得用多长时间？事实上，这俩答案得一样的分。

　　养兵千日，用兵一时。历尽千辛万苦的高三学生，都希望在高考时能超水平发挥。那么考生如何在有限的时间内充分发挥自己的水平呢？考生应该重点掌握以下四种考试技巧：

　　1. 答题要写干货，不要写废话。

　　2. 没有确切把握的时候，不要乱修改，第一遍的答案往往最正确。

　　3. 文科生要按顺序答题，不要乱跳，以免错过答题线索。

　　4. 试卷上的字，男生要写得工整，女生要写得大，方便老师阅卷，这样容易多得分。

05

抓住类型题，就能一通百通

高考完了，有80%的人感叹：考试时间短，题目做不完。公式、定理背得滚瓜烂熟，但一到做题的时候就卡壳，这都是因为没有掌握正确的解题方法。

考生做题老出错时，几乎都会异口同声地说："都是粗心惹的祸。"这个观点真是大错特错了。出题人会在出题时故意设置陷阱，就算你再细心，也还是很容易犯错的。关键不是你粗心的问题，而是解题的方法有问题。

其实考生只要抓住类型题，研究透彻它的解题法，探寻其中的奥妙，找到了解决问题的根本，那么不管出题人如何设置陷阱，你都能正确答题。也就是说，无论多么繁杂的题目，只要掌握了题型，找到解答的关键所在，就都能化繁为简。

对于一道具体的题，解题时要分三步走：第一步摸题型，找出该题的特征和特定条件；第二步套模型，套用符合该题特征的对应模型，需要什么理论、公式等才能解决问题；第三步得结果，按照模型的步骤，准确计算，就能简单快速地得出正确答案。摸题型、套模型、得结果，答题就是如此简单！

熟练掌握各类模型，就能做到多题一解，大大减少思考时间的效果，像条件反射一样，考生只要一看到已知条件，就知道该用哪个模型解。

抓住类型题的解题方法，还具有超强的步骤性和稳定性。每一步都有明确目标指导，像开车有了导航仪，能达到自动解题的目的。一句话：题目千变万化，模型把它简化；题目千难万难，模型一用不难！一套好的学习方法，能让你少走弯路；一套好的学习方法，能让你受益终身。从这个意义上说，要抓住类型题的解题方法，这是你终身的学习方法。

下面我们就拿语文试卷中常见的病句辨析题来说说类型题的应对方法。

病句类型主要有：语序不当、搭配不当、成分残缺或赘余、结构混乱、表意不明、不合逻辑等。判断、修改病句的原则是：能改一处不改两处；要灵活运用语法分析句子，特别是分析句子的主谓宾等成分；平时多阅读，培养语感。

例如下面两道例题：

1.【2012年北京高考语文】下列句子中，没有病句的一项是（　　）。

A. 据悉，一种新型的袖珍电脑将亮相本届科博会，它采用语言输入、太阳能供电，具有高雅、时尚、方便、环保的功能和作用。

B. 依据欧洲银行已完成的压力测试结果显示，各国接受测试的91家大小银行，只用7家未能符合规定的6%的一级资本比率。

C. 老北京四合院处于皇城天子脚下，受到等级制度的严格约束，在形制、格局方面难免会有些千篇一律，显得呆板而缺乏创意。

D. 大型情景音舞诗画《天安门》，一开场就采用"幻影成像"

与舞台真人的互动，营造远古"北京人"穿越时空向人们跑来。

【答案】C。

【解析】A项"高雅、时尚、方便"不属于"功能和作用"，搭配不当。B项"依据……结果"或"……结果显示"保留一个即可，属于句式杂糅错误。D项"营造"缺少宾语中心语，属于成分残缺错误。

2. 【2008年北京高考语文】下列句子中，没有语病的一句是（　　）。

A. 我国水墨画的主要成分是墨，加以清水，在宣纸上浸染，互渗，通过不同浓淡反映不同审美趣味，被国人称为"墨宝"。

B. 一名韩国官员透露，有关成员国已达成一致意见，同意建立该项基金，以防止1997年那样的金融危机不要再次发生。

C. 由于环境污染，常继发厌氧细菌的严重感染，极易发生破伤风，致使在当地或运送外地途中救治不及而死亡。

D. 世界卫生组织这份一年一度的报告，提供了儿童与成人的死亡率、疾病谱以及吸烟饮酒等健康风险因素增加的最新资料。

【答案】D。

【解析】A项，偷换主语，句子前面以"水墨画的主要成分"为陈述对象，而后面偷换成了"我国水墨画"，应在"通过"前补出主语"我国水墨画"。B项，滥用否定词造成语意混乱，去掉"不要"。C项，成分残缺，去掉"由于"，并在"致使"后面加"病人"。

那么，平时的练习中，考生应该怎样归纳总结各种类型题的做法呢？

1. 练习要讲究"精练、巧练"，而不要盲目追求多练。"精练"即选题要精，具有典型性，并要一题多解，一题多变，以一当十，以少胜多；"巧练"即解题要巧，纵横联想，思路顺畅，方法巧妙，过程简洁。收集类型题中具典型性、代表性，能一题多解的题型以及思路巧妙的解法并装订成册，以备随时查找。

2. **力争找到解题规律**。在练习前，考生应复习相关的知识点和解题方法，解题时要重视寻求解答的过程，在解题后还要认真回味和反思，对解题思路与方法进行总结归纳，找到解题规律。

3. **题型要"回顾"**。考生在解完一种类型题后一定要进行回味和反思，不要解完题就置之不理。考生在求得答案，甚至一题多解、一题多变之后，仍需要进行积极的思考：自己在解答此题时是否受到挫折？原因何在？是如何克服的？解答本题的关键在哪里？运用的解题方法有哪些？这些方法中哪个最简便、最巧妙？

4. **在掌握类型题解法的基础上，练习要尽力"一题多解""一题多变"**。考生不要满足于一题一解，要尽可能寻求同一问题的多种解题方法，并且比较不同方法，剖析各种解法的特点，看哪种解法更简捷、更巧妙。甚至进行一题多变，探讨不同情况下的不同解法，从分析、推理、演绎中学方法。

考生掌握了相关的"概念、规律、方法"，又学会了思考，把握了解题的"一般思维规律"和"类型题的解题方法"，再经过平时的"精练、巧练""一题多解""一题多变"的训练，并坚持解题后的回顾、反思，这样，不仅能从繁重的学习负担中解放出来，而且能培养优秀的解题能力，各科成绩想不提高都难。

下面两道都是由史实回答的考题，都是考查考生对史实的理解程度，但是考查方式和出题逻辑完全不一样。

1.【**2012北京高考文综**】下表选项中，材料与结论之间逻辑关系正确的是（　　　）。

	材料	结论
A	罗马法规定，债务人无力还债时，债主有权将他卖为奴隶	古罗马的高利贷者政治地位很高
B	1801—1844年，英国的伯明翰市人口从7.1万增加到20万	19世纪初，英国的城市化进程发展迅速
C	1860年，俄国的工厂中雇佣工人占61.4%	当时资本主义的雇佣生产方式已经在俄国经济中占主导地位
D	1910年，德国钢业联盟和铁业联盟的钢铁产量占全国总产量的98%	当时德国已经出现了居于垄断地位的大企业组织

【答案】D。

【解析】本题考查学生的历史思维，强调论从史出。即使告诉学生正确答案，也有相当一部分学生对于自己错在哪里一无所知。出题老师强调的是历史史实和结论之间的思维过程和方式，对考生的要求较高，体现了大学学习思维向中学教学的一种"下探"。

2.【2012北京高考文综】材料：自19世纪初，关于宪法是否明确授权联邦政府帮助地方治理河道的问题，美国国会一直存在争论。1817年和1822年，美国总统两次否决了联邦政府资助地方改善交通的议案，1824年最高法院法官认定，宪法允许联邦政府资助和承担河道改良项目，但联邦政府的权限从改良河道扩大到流域治理、防洪灌溉，又经历了一个多世纪。其间，仍有很多议员认为，联邦政府建设防洪工程过多干预了各州的权力。1935年全国内发生洪灾，100多项防洪议案提交到国会。1936年总统签署《防洪法》，授权联邦政府在全国范围内建设防洪工程，地方需要提供相应的建设土地和空间。

结合所学，从美国政治权力分配的角度，对材料进行解读。（12分）

要求：提取信息充分；总结和归纳准确、完整；解释和分析逻辑清晰。

【答案】材料表明，最初由于美国宪法没有明确授权联邦政府帮助地方治理河流，导致总统两次否决国会提出的议案。1824年最高法院法官对宪法相关条例的解释，解决了联邦政府可以治理河流的法律问题，但是仍然没有理顺联邦和地方在治理河流方面的权力关系，所以国会仍陷于长期争论。20世纪30年代的经济危机、自然灾害，客观上要求联邦政府更多地干预地方经济事务；罗斯福新政加强了联邦政府的权力，这一切为1936年总统签署《防洪法》创造了条件。

以上内容表明，美国政治权力分配的特点是权力制衡。权力制衡一方面表现为中央机构之间的三权分立，另一方面表现为联邦制下中央与地方之间的权力分割。在中央与地方权力分配的某些方面，联邦政府的权力有扩大趋势。

【解析】本题是2012年北京高考的新题型，考查学生的解读能力。因为这种题型是第一次出现，所以出题人给了答题角度："从美国政治权力分配"的角度进行解读，降低了试题的难度。考生在作答时一看到美国，就立即答出了"三权分立"，完全不符合出题人"论从史出"的命题意图。本题在以后的高考中还会改良出现，所以老师和同学应该适当重视。

　　面对茫茫题海，没有人可以把所有的题都做个遍。考生只要掌握了某一类型题目的做法，再碰见类似的题目就能轻松通过，可谓是一通百通。

　　1. 摸题型。根据题目的特征和条件判断这道题属于什么类型。

　　2. 套题型。找出对应的解题模型，调出需要运用的定理和公式等。

　　3. 得结果。按照模型的步骤，计算出正确结果。

06

很多学生常犯这样的毛病，一道题拿过来，看一眼，觉得自己肯定能做出来，但是，真正让你落笔认真解答时又得不到一个完美的答案。高考试题就具有这样的特点，你觉得都会，但一做就出问题。这是因为考生犯了经验主义错误，不知不觉掉进出题老师设计好的陷阱里去了。

下面就指出大家各科经常容易犯的小错误，免得高考答卷时，即使题目会做，还是无端被扣分。

1. **不要因为错字而丢分**。高考容易出现错别字扣分，我们来看看这个问题严重不严重。2009年全国卷语文有一道6分默写题，不少同学其实是全部默写出来了，却被打了零分。为什么？因为六个句子中，每一个句子都至少出现一个错别字，而按规定，错一个字，整个句子的分数就全没了。其实不只语文，其他科目也是对错别字绝不留情的。比如地理，一旦踩分点出现错别字，也一律不给分。如，准噶尔的"噶"写成"葛"，地表疏松的"疏"写成"蔬"，都得不了分。

作文更是不允许出现错别字，高考作文规定错两个字扣一分，最多可扣3分。所以，作文中错字特别多的卷子会影响老师给分，可能本来该得50多分的，因为给老师的印象不好，最后只打40多分，一丢可能就是5分甚至更多，那才是最令人遗憾的。

2. **态度不认真，马马虎虎丢大分**。有些考生答题时字迹潦草，让改卷老师如看天书。改卷老师因为看不懂，常常就不给分，或者给很少的分数。还有些学生的试卷卷面脏乱，改动不统一，有的地方画横线，有的地方画个圈，有的地方又涂成黑块，让老师视觉无比疲劳。老师得到处找答案，万一老师找不到关键点，不给分也是常有的事儿。这种卷子，得不了高分是肯定的。还有一些理科学生，做运算题只写答案，没有写步骤，这种情况下，考生一般只能得到答案分。有的考生虽有写步骤，但步骤不明确，也会被扣分。

3. **投机取巧的心理不可有**。不少考生写作文时，将试卷中某一道阅读题全文照抄下来，结果被打成零分卷，据分析主要还是考生存在投机取巧的心理。虽然老师改卷时是一人一题，改作文的老师不见得看过试卷的其他内容，这样的考卷有可能一时蒙混过关，但一旦被发现，代价是非常惨重的。因此，高考时千万不要投机取巧，就算水平再差，随便写一点儿也可以拿点分。作文只要不离题，拿个40多分是很容易的事儿，与零分的差距还是相当大的。

4. **诚实是一种美德，但在高考中"实话实说"可能会吃亏**。例如，不少考生在试卷中不经意中透露出了一些真实信息，例如：我的同桌叫×××，我家住在清源山下，学校高考前组织我们到野外烧烤，等等。高考试卷中出现这类文字，一不小心就会被当成无效卷，就算没有被打零分，也还是会吃亏的。

提分秘籍 阅卷老师告诉你不丢分的技巧

一份讨巧的试卷往往给阅卷老师好印象，考生如何从试卷的答题上找分数，不让一些不该丢的分丢掉？

1. 不要因为错字而丢分。

2. 卷面须整洁，答题态度要认真。

3. 投机取巧的心理不可有，谨防偷鸡不成蚀把米。

4. 考生千万不可在考卷上要小聪明，泄露真实信息。

07

文综检查要找词儿，理综检查需条理

仅仅答完题了，高考还没有结束，要想得到高分，还要进行认真的检查。文综和理综的检查方法是不同的，要区别对待。

一、文综答题要的是词儿，检查要看准。

有不少学生在文综考试的时候，答案写得密密麻麻，却总是提心吊胆，不知道究竟能得多少分。这是典型的学习基础不扎实，方法不对头。只要方法对头，答案怎么写，能考多少分，这些都是确定的。

为什么试卷写得满满的，分数还是没上来？原因非常简单，就是你没有踩到有效的得分点上。实际上，有效的得分点就是一个词儿，它是一个名词，而不是一句话，更不是形容词和动词，阅卷老师找的就是这个名词。你的卷子上尽是些动词、形容词，对不起，没分！

举个最简单的例子，谁抗美援朝？中国人民志愿军，答卷上有中国人民志愿军，这个分数就归你了。老师阅卷的时候就看你有没有这个词儿，有就有分，没有就没分。你写的是伟大的、战无不胜的人民军队，对不起，零分！伟大的战无不胜的人民军队是什么军队？越南人民军还是朝鲜人民军？写的东西都没用。

再如英国的限制王权的法令是什么？《权利法案》、颁布《权利法案》、颁布了影响深远的《权利法案》。这三个回答能得的分数都一样，因为阅卷老师就是在找《权利法案》这四个字。

背书就背词儿，答题也就答词儿。你既省事儿，成绩又能提升得快，学习和考试的妙招就在这儿。

以上是材料题的答题妙招，那么选择题呢？

目前文综试题中的选择题均为单项选择（包括多选题的变形——组合型选择题），由于选择题不叙述推理过程，解题入口宽、方法多，再加上得分概率为1/4，所以普遍认为选择题尤其是单选题比较容易。

这种说法虽然说有一定道理，但高考是一种选拔性考试，要的不是分数，而是通过分数得到的一个排位，所以没有学过某一学科或知识上漏洞百出的人虽然也能猜得一定分数，但分数绝不会太高，排位也一定不会太靠前。也就是说，高考要想取得成功，选择题得分必须高，而选择题（单选题）要想得高分、得满分并不是一件很容易的事。

选择题的命题规律表现在四个方面：1. 题干围绕一个中心，选项和题干的关系一致。2. 干扰项有效，能反映考生的典型错误。3. 各选项的结构、长度大体一致。4. 正确选项分布均匀。例如下面这道例题：

北极地区寒风凛冽，考虑到当地所处风带的盛行风向，中国北极科学探险考察站营地建筑的门窗应该避开的朝向是（　　　　）。

A. 东南方向　　　B. 西南方向　　　C. 西北方向　　　D. 东北方向

【答案】D。

【解析】做这道题时，考生要全面分析题干，充分挖掘题目提供的条件是正确解题的关键。根据题干附加的明确解题条件"当地所处风带的盛行风向""避开的朝向"，加以解读，北极地区盛行风向为东北风，故应该避开东北方向。

二、理综答题要的是理，检查要细致。

很多考生理综丢分往往不是丢在"不会做"，而是丢在了"做不好"。

很多学生答题时，书写潦草，涂抹多。文字表达不严谨，物理、化学、生物专业术语使用不规范。解题步骤不完整，逻辑推理不严密，计算结果不准确，如化学键连接的位置不准确，专用名词出现错别字，配平但没有化成最简比，字母符号没有说明，还有一些学生容易在跳跃式往返答题过程中遗漏题目。

很多学生因为这些原因白白丢了得之不易的分数，所以，考生答完全部试题之后，有必要安排时间检查，查漏补缺，纠正错误，细致的检查是考出好成绩的一个重要环节。

第一步，查看有无遗漏或没有做的题目，发现之后应迅速完成。

第二步，检查做答过程和结果，如有时间要全面复查一遍，时间不够则重点检查心存疑虑的题目。若没有充分的理由，一般不要改变你依据第一感觉做出的选择。

第三步，计算题和证明题是检查的重点，要仔细检查你是否完成了题目的全部要求。检查宜"以粗为主""粗细结合"。"粗检查"着重检查解题过程与解题结果的合理化，"细检查"则要检查运算结果的正确性。

第四步，若时间仓促，来不及验算的话，有一些简单的办法：一是查物理单位是否有误，二是看计算公式引用有无错误，三是看结果是否比较"像"。这里所说的"像"是依靠经验判断，数字是否为整数或有规则的表达式，若结果为小数或无规则、零乱的数，则要重新演算，并且最好用其他方法去做。

第五步，检查考生情况登记表，查看信息有无遗漏，擦净答题纸上的零散痕迹或标记（避免计算机把它们当成答案处理）。

不管是文综还是理综，一些检查方法是可以通用的。

方法一：浏览。对整份试卷做个粗略的检查，从总体上了解一下是不是所有题目都答了，是不是按要求做了，有没有弄错题号。

方法二：逆向检查。这种方法在理科各学科中用得比较多。原来用加法，检查时用减法；原来用乘法，检查时用除法。这种方法有利于克服错误的思维定式，是符合心理规律的有效方法。

方法三：变换方式检查。如果某个题目有多种解法，在检查时就换一种解法，以判断原来解出的答案是否正确，这种方法适宜检查演算和证明题。这种检查法有一定难度，需要有充裕的时间。

高考是要分秒必争、分分计较的考试，只要考场未发出考试终止的信号，考生即使答题和检查完毕，也不要急于交卷，应再次复查答卷，推敲答案，做必要的修正。

提分秘籍 **将高考进行到底——做完题后要检查**

面对高考试卷，很多学生不是不会做，而是做不好，表现之一就是不会检查，以至于丢了许多冤枉分。那么，有什么好的检查方法，可以避免丢分呢？

1. 浏览。谨防漏题、写错题号和答案，尤其是答题卡。

2. 逆向检查法。比如倒着检查，克服做题时思维定式的影响。

3. 一题多解。换个方式检查，从其他角度验证答案是否正确。

附录1

高一上学期课程表及学习时间安排

时间	项目	一	二	三	四	五	周六	周日
早读	15+35	外+语	语+外	外+语	语+外	外+语		
上午	1	语	化	数	物	信	语复作	政历复作
	2	政	地	数	历	体	数复作1	地复作
	3	化	英	物	音	语	数复作2	（　）补差
	4	体	英	语	数	语	英复作1	（　）补差
	5	数	语	政	地	化	英复作2	（　）补差
中午	60分钟	复作数40	复作英30	复作数40	复作物30	复作语40	复作数3	自己安排
		复作语20	复作化25	复作语20	复作数30	预数15		
			复作地15	复作政15	复作地15	预物15		
下午	6	选	历	化	英	数	复作物1	
	7	英	物	英	语	物	复作物2	
	8	地	数	班	课外活动	英	语作阅读	

时间	项目	一	二	三	四	五	周六	周日
	提前		数	语	化	历		英
晚自习	7：20—9：30	复作英30	复作历20	复作物30	复预语作25	复作物30		复作英4
		复作地30	复作问预数40	复作预化35	复作问预化40	复作数30		
		复作预化30	复作英40	复问作预语40	复作历地30	复问作历25	复作化1	总结周记
		复作政15	复作物25	预物15	复作英20	复作化25	复作英3	预习下周
	9：30—9：50	复读外作20	读作语20	复读外作40	读外20	英复作读30	复作化2	预习周一

1. 高一科目较多，学生在上课时要认真学习，并尽量充分利用课堂时间进行及时地复习巩固，以减少课后复习时间，减轻课后复习的压力。如果学生在课堂上就已经掌握了相关内容，课后则应以相关内容的拓展延伸为重点。

2. 中午与晚自习要力求把当天安排的课程复习完，并安排出作业时间，安排时，尽量文、理科目穿插。晚自习结束前，可以留出20~30分钟的时间进行诵读识记，巩固早自习的背诵成果，防止遗忘。

3. 一般先安排复习，后做作业，再拓展预习第二天学习较困难的学科，然后针对性地培优补差。如果时间不够，则可按轻重缓急从前到后依次考虑。

注：表格中"复"指复习，"预"指预习，"作"指做作业，"问"指疑难解答。

附录2

学生阶段性学习状况自测表

学生的学习状况可以从阶段性学习、完整课时（课题）学习和课堂学习三个层面加以评价。本表适用于阶段性学习状况的评价，仅供参考。

评价要点	评价等级				评价结果
	A	B	C	D	
作息制度	自觉遵守	基本遵守	督促遵守	混乱	
学习计划	自觉执行	具体可行	有，不具体	无	
学科素养	优	良	一般	差	
问题质量	具体、有新意	较具体	平淡	差	
学习方法	灵活多样高效	有一定特点	单一	不当	
思维活动	整体协调	强于抽象	强于具体	机械死板	
课前学习	充分自主学习	按要求学习	能学习	不学习	
课堂学习	充分自主合作学习	能参与学习	能学习	不学习	
课后学习	充分自主学习	按要求学习	能学习	不学习	
作业完成	自主认真完成	较好完成	能完成	不完成	
学习成绩	优	良	一般	差	
综合评价					

通过上表的测试，检查一下你的学习状态如何，好的地方继续保持，做得不好的地方记得改进。

附录3

高中生学习目标及时间管理自测自评表

高中生学习目标及时间管理自测自评表：对照下表认真检查一下自己的成绩吧！

对照表格的每一项内容，能够做到的打"√"，没有做到的打"×"。每隔一个星期进行一次测评，看看自己在学习目标和时间管理上的进步。百分比的计算方法是"√"数目/24。

序号	内容	1	2	3	4	5	6	小结
1	你是否真正热爱学习，并始终保持积极的心态？							
2	每天学习前，你是否拟订"当日学习计划表"？							
3	你是否按轻重缓急编排好做事的次序并按此执行？							
4	你是否能够时时把注意力集中在学习目标上？							
5	你是否知道自己从事某项学习任务的最佳时间？							
6	你是否能够铭记自己的时间价值？							
7	你是否经常思考今天是否为实现目标有所贡献？							
8	你是否利用上学、放学途中或者其他时间来学习？							
9	你是否给自己留出机动时间，以备处理意外事情？							
10	你是否会利用他人帮助，使自己获得更多的时间？							
11	你是否养成了条理整洁的生活和学习习惯？							
12	你是否采取措施尽量减少桌面上的无用资料？							

序号	内容	1	2	3	4	5	6	小结
13	听课前,是否会设法提高听课效率和学习效果?							
14	你是否养成凡事马上行动、立即就做的习惯?							
15	你是否能够不把时间浪费在空想、懊恼和气馁上?							
16	你是否经常给自己规定完成任务的期限和要求?							
17	你是否能够尽早地停止那些毫无意义的活动?							
18	你是否能够在等待时间随时阅读随身带的卡片?							
19	你是否能够真正控制自己的时间,不去附和他人?							
20	你是否善于应用节约时间的方法和工具?							
21	当天学习结束时,是否按计划检查任务完成情况?							
22	你是否经常对自己的学习时间进行统计分析和管理?							
23	你是否定期检查自己的时间支配方式?							
24	你是否能把学习成效作为自我管理考核的依据?							
	合 计("√"项目数)							

现在,我能做到几项,能够做到的事项的百分比%;

一个星期后,我能做到几项,能够做到的事项的百分比%;

两个星期后,我能做到几项,能够做到的事项的百分比%;

三个星期后,我能做到几项,能够做到的事项的百分比%;

四个星期后,我能做到几项,能够做到的事项的百分比%;

五个星期后,我能做到几项,能够做到的事项的百分比%。

从第一个星期开始坚持给自己打分,开始的时候,你的分值肯定不会很高。当你坚持运行下去,一个月下来,你的分值就会从40%提高到70%,以至更高的层次。认真检查每次给自己打的分值,从中总结经验,哪些地方做得好,哪些地方做得不好,哪些地方还有潜力可以挖掘。这样,你就可以看到自己在学习目标和时间管理上的进步。

附录4

很多学生非常不重视学习方法，事实上，学习方法的正确与否是成绩能否提升的关键因素。你现在的学法是否能达到事半功倍的效果？你能做到举一反三吗？你清楚怎样使自己的兴趣和就业挂钩吗？你知道自己未来的发展方向吗？DDAC测评系统就是一套能帮你深入了解自己的系统。

DDAC测评系统基于国际著名心理学家荣格和霍兰德的理论，由精华学校高考专家及北京大学心理学家结合中国学生的实际情况研发而成。针对学生的性格、爱好、特长、能力、方法等方面进行六大维度的分析，解决了高中生的三大核心问题：

一、了解自己。通过透彻分析学生的性格和兴趣，提供职业和发展方向的建议。

1. 了解自己的性格与兴趣，找到适合的发展方向；
2. 通过了解自己的优势，进行更有针对性的培养；
3. 根据各方面因素综合考虑未来就业的方向。

测试样本（部分）

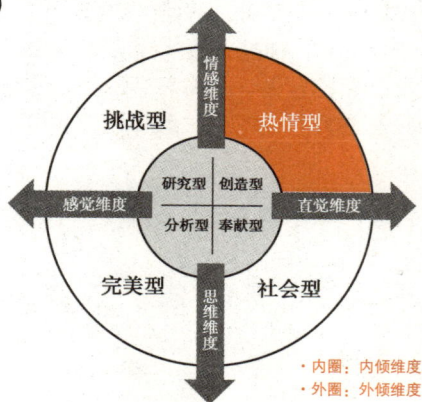

· 内圈：内倾维度
· 外圈：外倾维度

二、认知自我。 权威专家告诉你最适合自己的高中学科和大学专业。

1. 从数百个专业中，帮你筛选出最适合的专业；

2. 全国各大高校优弱势比较，推荐"最靠谱"的学校；

3. 个人特点与就业方向相结合，适合专业一览无余。

测试样本（部分）

科目适合度测评结果是分析和对比你现在所学的内容与大学各专业方向所需的内容，提供最适合你的三个专业方向。

测评结果最符合施海涛的专业方向为艺体、人文、师范方向。

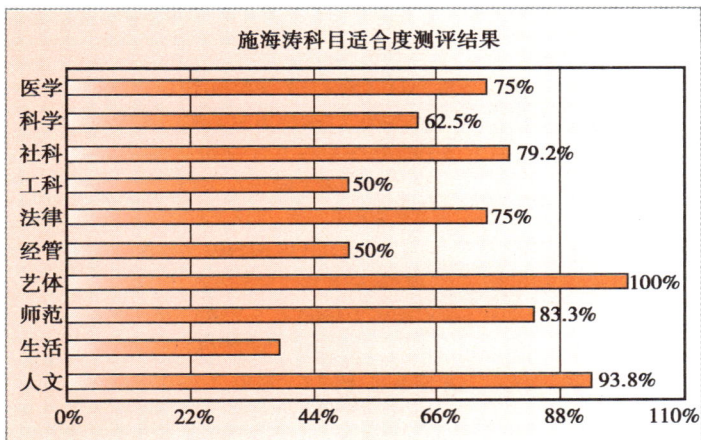

施海涛科目适合度测评结果

科目	适合度
医学	75%
科学	62.5%
社科	79.2%
工科	50%
法律	75%
经管	50%
艺体	100%
师范	83.3%
生活	
人文	93.8%

（横轴：0%　22%　44%　66%　88%　110%）

三、把握自我。 通过确认你的学习类型，找出你在各学科中的"短板"，升级你的学习方法。

1. 也许你一直在使用的方法并不适合你；

2. 成绩和时间不一定成正比，找到适合的最重要；

3. 好的学习方法完全可以让你事半功倍，离开老师也能"独立行走"。

测试样本（部分）

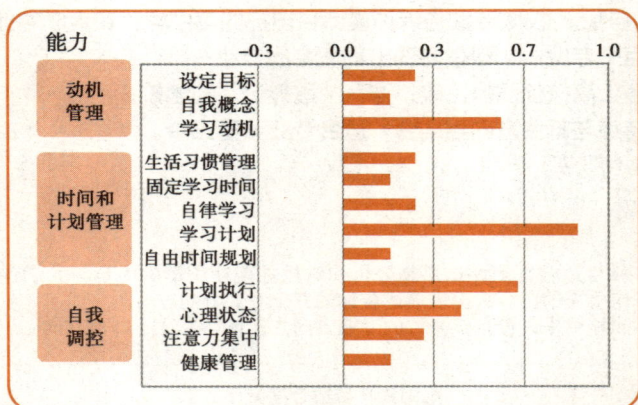

能力		-0.3 0.0 0.3 0.7 1.0
动机管理	设定目标 自我概念 学习动机	
时间和计划管理	生活习惯管理 固定学习时间 自律学习 学习计划 自由时间规划	
自我调控	计划执行 心理状态 注意力集中 健康管理	

详细评价

对自己未来的学习还没有认知
对自己通过努力达到学习目标的自信多少有点儿低
对学习的有益认知和自我学习的能力水平一般

对有效学习时间的管理不满意
在学校、学院、课外等固定时间的注意力集中水平较低
在独自学习时间内有效率地制订计划并付诸实践的能力较低
掌握自己需要学习的量和制订学习计划的能力很高
为了不妨碍自己的学习，需要改进制订自由时间规划的能力

能非常有效地完成自己制订的学习和课余计划
多少能感受到学习压力并打算努力调整和改善
对课堂内容的注意力集中程度和课程内容的理解程度比较一般
对运动、吃饭等可能影响到身体健康的生活习惯不怎么关心

　　本套测试题为学生性格/兴趣测试简版，查看结果请登录ddac.jinghua.com，点击"免费测试"。